Construyendo un Matrimonio saludable

Daniel & Shari CALVETI

D1528142

Pasión 001
Construyendo un matrimonio saludable

© 2018 por Daniel & Shari Calveti
Todos los derechos reservados.

Gracia Producciones

Primera revisión: Gisela Sawin

Editado por Henry Tejada Portales
henrytejadap@hotmail.com

Primera edición, junio 2018

Diseño de portada: Cindy Aguilar
Diseño de interiores: Henry Tejada Portales

ISBN: 978-612-45579-2-7

Junio 2018

DEDICATORIA

A nuestros amados hijos; Isaac, Natán y Daniela. Nuestros tesoros. Ustedes son nuestra alegría, ¡no podemos esperar para ver todo lo que Dios hará con sus vidas para continuar bendiciendo a las naciones!

Este libro es un especial legado que a cada momento les recordará lo maravilloso que es el amor. Ustedes siempre serán los mejores testigos de todas las memorias de un amor puro y hermoso.

Es una encomienda para transmitírselas a sus hijos y a sus nietos. Siempre oraremos para que Dios les regale matrimonios ejemplares y saludables; Familias no perfectas, pero siempre rendidas a Jesús.

Los amamos tanto...

Papi y Mami

CONTENIDO

INTRODUCCIÓN

Estamos muy contentos de compartir este libro con ustedes, ¡no saben cómo nos apasiona este hermoso regalo de Dios llamado matrimonio!

En el 2004 fuimos inspirados por el Señor y creamos un ministerio para matrimonios al que llamamos «Pasión 001». Comenzamos con reuniones mensuales en nuestra iglesia local, Fruto de la Vid, en Caguas, Puerto Rico. Hacíamos series de enseñanzas usando distintos manuales ya existentes y los complementábamos con nuestras vivencias.

A medida que pasaba el tiempo, comenzamos a recibir invitaciones para dar charlas de matrimonios en otras iglesias y aun en otros países. En estas conferencias solemos conversar con la gente, y hay que decir que esto ha sido muy efectivo.

Las personas han logrado escuchar los puntos de vista de ambos (Shari y yo) en los distintos temas de la vida matrimonial, y esto trajo libertad a muchos matrimonios. Entonces, al ver lo que Dios hizo en esos matrimonios a través de estos años, y al escuchar tantos testimonios maravillosos, fuimos motivados a escribir este libro.

Cuando pensamos en el nombre de Pasión 001 por primera vez, vino a nuestra mente el tiempo de escuela y las materias que debíamos aprender para alcanzar las metas. Todas comenzaban con 001 y avanzaban según las fuéramos aprobando.

Por eso el nombre Pasión 001, ¡porque entendemos que el matrimonio es una escuela donde siempre hay algo nuevo que aprender!

En este libro no encontrarás fórmulas mágicas ni pasos a seguir que te aseguren el éxito; si fuera así de fácil no habría tantos conflictos y divorcios. Pero lo que sí queremos hacer es animarte, a través de nuestra historia, a que fortalezcas tu propio matrimonio.

Reconocemos que cada matrimonio es único y tiene su propio diseño y color. Todos venimos de distintas historias de vida, sin embargo podemos usar los mismos principios. Estos fundamentos del matrimonio fueron creados y establecidos por Dios. Son inmutables. Sobre esos principios tenemos el privilegio de construir de acuerdo con nuestras experiencias de vida, personalidad e incluso con nuestros gustos personales.

¡Y claro que el matrimonio es como una construcción! Tú construyes el tipo de relación que deseas tener, y las herramientas divinas están a tu disposición para que lo logres. Pero es importante que identifiques a los tres tipos de constructores:

- *Los que construyen desde cero algo nuevo.*

- *Los que se la pasan haciendo remodelaciones.*

- *Los que reconstruyen algo que fue quebrado.*

Los primeros son los solteros que tienen el deseo de empezar a construir su matrimonio. ¡Dios está dispuesto a guiarte!

El segundo grupo son los que llevan varios años de casados y siempre están viendo cómo remodelar o darle "upgrade" a algunas cosas en su matrimonio para hermosearlo aún más. ¡Dios te dará de Su sabiduría y creatividad para ayudarte!

El tercer grupo son los que experimentaron que algo se quebró o fue herido en su matrimonio y ahora tienen que reconstruirlo. ¡La Biblia está llena de palabras y promesas de Dios que te darán esperanza para acompañarte en el proceso y ayudarte a restaurar lo que pasó!

Estamos deseosos de compartir con ustedes nuestra experiencia para que construyan su matrimonio junto a nosotros. Compartiremos cómo Dios nos ha enseñado (y aún nos continúa enseñando) detalles de este hermoso pacto, y cómo su Presencia y su Palabra han sido vitales en nuestras vidas.

Hablaremos de cómo nos enseñó a establecer, desde el comienzo, métodos saludables que se han convertido hoy en día en una muralla de protección para nuestra relación. Para ello fuimos a nuestros comienzos... ¡y encontramos una caja llena de recuerdos de nuestra vida y de historias maravillosas!

Hallamos escritos, cartas y fotos que forman parte de nuestra vida como familia. Encontramos evidencias del amor y la pasión que Dios depositó en nosotros desde el momento que nos conocimos.

A través de estas líneas deseamos viajar a nuestros comienzos, recordar lo mucho que hemos disfrutado cada paso de esta historia de amor y cómo tuvimos que aprender a construir una nueva generación, e incluso a balancear nuestro tiempo para darle prioridad a nuestra familia.

La pasión marcó nuestra relación desde el comienzo y ello nos dio el deseo, la fuerza y la convicción de diseñar, construir y disfrutar de este regalo de Dios llamado matrimonio. Vivimos agradecidos con Dios por permitirnos experimentar el significado del amor y la ternura.

No tenemos de ninguna manera un matrimonio perfecto, porque no lo hay. No tenemos muchos años de experiencia como algunos de ustedes, este año cumplimos 18 de casados; ni tampoco hemos vivido episodios traumáticos, pero sentimos que Dios nos ha regalado algo, y es frescura, para animarlos a ustedes a amarse más, para que refresquen su pasión, para que nunca pierdan el valor del compromiso y la integridad en la relación.

Y también para recordarles que el amor es capaz de dominar el enojo y enseñarles cómo resolver conflictos de una manera saludable; y para que nunca olviden que lo especial de la vida se encuentra en los detalles, en disfrutarse el uno al otro, en siempre vivir pensando cómo hacerse más feliz mutuamente.

Como ya sabemos, el libro de Cantar de los Cantares toma como base el romance puro entre un hombre y una mujer para expresar de alguna forma el gran amor del Señor por nosotros, Su Iglesia. Y a través de esta palabra muestra una característica del Padre: Él está dispuesto a darlo todo, no importa dónde tenga que ir para buscarme, ni lo que tenga que hacer para hallar mi corazón, ya que Él lo hace con amor y pasión.

«Yo soy de mi amado y él me busca con pasión» (Cantares 7:10).

A pesar de los años que tengas de matrimonio, sean pocos o muchos, vivir rendidos al Señor nos permite que Él continúe enseñándonos y moldeando áreas de nuestra vida. Su Palabra dice que nos perfeccionamos en Él, por lo tanto, mientras estemos en esta tierra, estaremos en constante aprendizaje, comprobando que la pasión es la actitud que caracteriza al amor.

Pasión es entrega, tolerancia, es convicción en nuestro corazón. Así como Jesús tuvo pasión por comenzar la obra y terminarla, nosotros también fuimos llamados a comenzar esta carrera llamada matrimonio y poder terminarla con pasión, mientras diseñamos, construimos y disfrutamos lo que viene. Así que... ¡ánimo, lo mejor está por venir!

Los amamos en gran manera.

Daniel y Shari Calveti

»Todo el que escucha mi enseñanza y la sigue es sabio, como la persona que construye su casa sobre una roca sólida. Aunque llueva a cántaros y suban las aguas de la inundación y los vientos golpeen contra esa casa, no se vendrá abajo porque está construida sobre un lecho de roca. Sin embargo, el que oye mi enseñanza y no la obedece es un necio, como la persona que construye su casa sobre la arena. Cuando vengan las lluvias y lleguen las inundaciones y los vientos golpeen contra esa casa, se derrumbará con un gran estruendo».

Mateo 7:24-27

¿POR QUÉ PASIÓN?

Grábame como un sello sobre tu corazón; llévame como una marca sobre tu brazo. Fuerte es el amor, como la muerte, y tenaz la pasión, como el sepulcro. Como llama divina es el fuego ardiente del amor.

(Cantares 8:6)

Daniel

Me enamoré completamente de Shari desde el principio que la conocí. Me enamoré de su sonrisa, de su carita, de su voz, de su hermoso cabello, de sus radiantes ojitos color de miel. Me enamoré de su sabiduría, de su ternura, de lo detallista que es y de lo mucho que ama a Dios.

Decidí de por vida invertir mi amor en ella porque es el tesoro que siempre había anhelado como hombre. Lo más hermoso desde el inicio de nuestra historia de amor, es que aún no logro descifrar quién enamoró a quién, porque ambos estábamos llenos de pasión el uno por el otro.

Desde el comienzo de nuestra relación decidimos enfocar nuestra pasión en Dios

Han pasado más de 17 años y cada día es como el primer día, la amo más, la admiro más, su belleza interior y exterior me tiene enamorado. Me emociona abrir mis ojos cada mañana y verla a mi lado. Ella tiene toda mi atención y vivo cada momento pensando cómo puedo hacerla más feliz.

Hemos sido diseñados con un propósito y hemos venido a esta tierra no solo para disfrutar de la salvación y las bendiciones del Padre, sino a vivir una vida plena, y esto incluye tu matrimonio. Shari y yo creemos apasionadamente en lo que Él creó: la familia y el matrimonio, por lo tanto hemos decidido invertir nuestras energías, nuestro tiempo, nuestros recursos y nuestro esfuerzo en nuestro matrimonio, porque ahí está nuestro tesoro, y por ende nuestro corazón.

REENFOCA TU PASIÓN

Hay dos tipos de pasión: aquella que es dirigida a consentir los deseos pecaminosos de la carne y enfocarla en todo aquello que nos separa de Dios. La otra opción es decidir y dirigir tu pasión a enfocarla en el Padre y en lo que está en su corazón.

Desde el comienzo de nuestra relación decidimos enfocar nuestra pasión en Dios; y hoy, luego de tantos años, vemos los resultados de la bendición sobre nuestra vida. Pensar en la palabra pasión de acuerdo al corazón del Padre, es pensar de la manera en que lo expresa la Biblia:

«...consideren bien todo lo verdadero, todo lo respetable, todo lo justo, todo lo puro, todo lo amable, todo lo digno de admiración, en fin, todo lo que sea excelente o merezca elogio».

(Filipenses 4:8)

Pensar así es una disciplina que luego se convierte en un hábito. Un hábito que no lo podemos lograr por nuestras propias fuerzas; necesitamos la ayuda de Jesús y seguirlo a Él como modelo.

La pasión te hace ser esforzado por lo que amas, paciente e íntegro con lo que amas, y fiel a lo que amas. La palabra pasión tiene su raíz en los términos relacionados con sacrificio, entrega, sufrimiento, tolerancia.

Por ejemplo, la pasión de Cristo era el cumplimiento de su propósito. En Juan 4:34 encontramos estas palabras de Jesús: *«Mi alimento es hacer la voluntad del que me envió y terminar su obra».*

¡Él sabía que por ese gran amor a lo que creía, iba a padecer y pasar por un proceso! Esa fue su pasión. Terminar la obra que le fue entregada, hacer lo que estaba en el corazón del Padre. La clave de la pasión es aprender a morir a nuestro egoísmo y cumplir el anhelo del Padre.

La pasión fue el vehículo que tú y yo decidimos tomar el día que en un altar, ante Dios, le prometimos a nuestro cónyuge amarle en la abundancia o en la escasez, en la salud o en la enfermedad, en la felicidad o en la tristeza...

El profeta Jeremías también demostró su pasión hacia Dios al escribir: *«Si digo: "No me acordaré más de él, ni hablaré más en su nombre", entonces su palabra en mi interior se vuelve un fuego ardiente que me cala hasta los huesos. He hecho todo lo posible por contenerla, pero ya no puedo más»* (Jeremías 20:9).

Vivir para Dios es cuestión de gracia, pasión y perdón, ¡pero también es cuestión de adoptar posturas osadas por la verdad! Hemos tratado de vivir nuestra vida creyendo que después de Dios, lo más importante para cada uno es el cónyuge y nuestros niños.

Ahí hemos invertido toda nuestra pasión. A través de esta entrega hemos podido lograr muchas cosas, entre ellas, darnos cuenta cómo nuestro carácter ha crecido y madurado; hemos mejorado en una composición de aprendizajes. Hemos aprendido que nuestra pasión no es vivir para hacernos felices a nosotros mismos, sino vivir para hacer felices a quienes amamos.

TE AMO, TE ADMIRO Y TE DESEO

Shari

Cuando conocí a Daniel fui súper asombrada por Dios. Honestamente no puedo decir que Daniel era todo lo que de niña había soñado, porque mi realidad y mentalidad estaba muy limitada a que existiera alguien como él. Daniel es más de lo que yo pude soñar o imaginar. Su ternura, carácter, sabiduría y entrega a Dios ¡me conquistó!

Amo hablar y pasar tiempo con él. Cada ocurrencia, cada conversación la disfruto al máximo. ¡No saben cómo disfruto su compañía! Cada vez que miro sus ojitos café, puedo ver su tierno corazón. Amo a Daniel y siempre me sorprende lo romántico que es conmigo.

Recuerdo que un día, en su intento de definir como se sentía, me miró fijamente a los ojos y me dijo: "Shari no se si entiendes, pero yo no solo te amo, también te admiro y te deseo¨. ¡Wow! Como mujer, estas palabras derritieron mi corazón. Para mí fue aún más profundo que un "te amo".

No me malinterpreten, sé que un "te amo" tiene una definición poderosa por sí sola, pero el que me afirmara de esa manera y lo siga haciendo aun hoy después de años juntos, hijos, otra edad, y conociendo mis defectos, en fin, otra temporada en nuestras vidas, marcó e inundó mi corazón de amor y sobre todo de seguridad.

No puedo recordar con exactitud el día, pero si sé que esas tres palabras han cavado profundo en mi corazón y han dado forma a cómo nos hablamos, amamos, y hasta miramos. Te amo, te admiro y te deseo... tres palabras que lo definen todo.

Pasión es más que un sentimiento, una fuerza o algo momentáneo. Pasión es amar, admirar y desear a pesar de los defectos que podamos encontrar en la persona objeto de nuestro amor.

No tengo duda que esas palabras fueron inspiradas por Dios mismo para afirmar mi vida. ¡De esa misma manera, y con mucha pasión, Dios nos ama, admira y desea!

El tomar a Jesús como ejemplo nos llena de esperanza. Ver Su amor y entrega nos han enseñado que Jesús siempre fue intencional con cada palabra y acción. Su vida habló por sí sola. Él es la definición de pasión, entrega y verdadero amor.

AMOR CONSTANTE

Lo contrario a la pasión es la pasividad, el estancamiento, la falta de emotividad, de emoción, la conformidad. Puedes tener amor, pero si tienes pasividad en el proceso, no lograrás tu objetivo. Hay una gran diferencia en tener simplemente el amor que el Señor depositó en tu corazón a través del Espíritu Santo, que tenerlo con pasión.

Es como cuando vamos a ver un partido de fútbol y del lado derecho tenemos sentado a un apasionado por el juego, y del lado izquierdo, alguien que está desconectado. Podemos sentir la diferencia. Seguramente a ambos le gusta el fútbol, pero de acuerdo con su actitud podemos ver su pasión, y cómo esta contagia a quienes están a su alrededor. ¡Lo mismo ocurre en el matrimonio y en la familia! Una persona apasionada actúa y vive con pasión. Todos a su alrededor lo pueden notar. No hay pasividad en él.

Cuando comienzas el noviazgo o el matrimonio, tienes todas tus energías, tus fuerzas y tus emociones invertidas en la conquista. Pero, tristemente, en el proceso esa pasión se apaga. Pero no debe ser así. Me gusta cómo la version TLA (Traducción en Lenguje Actual) de la Biblia, dice que *«Yo soy de mi amado, y su pasión lo obliga a buscarme»* (Cantares 7:10).

Eso significa que hay un trabajo constante y continuo de su parte, no es de temporada. El amor del Señor no se apaga si nos portamos mal. Él nunca dice: «Hoy voy a amar menos a Daniel o a Shari porque no rindieron bien la batalla como cristianos».

No, el Señor no actúa de esa manera. Su amor está constantemente encendido y disponible para amarnos en todo tiempo, a toda hora, más allá de toda situación. Pero nosotros, como humanos, tenemos un amor condicionado, porque realmente amamos cuando tenemos resultados que nos favorecen.

Sin embargo, el único amor incondicional es el del Padre Celestial. Es un amor que no espera nada a cambio, que es constante y ferviente, apasionado hasta el final. El amor del Padre es tan apasionado que aún no ha venido a buscar a su Iglesia por amor a los que todavía no lo conocen. ¡Cuán grande amor es ese!

La pasión es una característica del amor. Sabemos que el perfecto amor es Dios. Pero la pasión dirigida por Dios tiene un tipo de fruto, y la pasión dirigida por la carne tiene otro tipo de fruto. Si filtramos nuestra pasión a través del Espíritu Santo, obtendremos entusiasmo, entrega, amor, cariño, deseo, una expresión, una llama encendida, intensidad, avidez, adoración.

Pero la pasión sin el Espíritu Santo es lujuria, erotismo, concupiscencia, idolatría, impulso, furia, malos hábitos, celos. Sin el Señor la pasión se transforma en desorden y desenfreno, porque la concupiscencia tiene la capacidad de llevar a cabo lo que está en tu mente y tu corazón.

Pablo le decía a Timoteo: *«Huye de las pasiones juveniles»* (2 Timoteo 2:22) porque aunque era un apasionado por Dios, de igual manera otras pasiones iban a tocar a su puerta. Es por eso que Timoteo tenía que estar enfocado en la pasión correcta. No hay forma de experimentar la pasión en el orden de Dios si no estamos caminando junto al Señor.

Hace un tiempo leímos este poema y nos gustaría compartirlo con ustedes:

Ten cuidado con tus pensamientos,
Pues tu pensamientos
Se convertirán en tus palabras.

Si filtramos nuestra pasión a través del Espíritu Santo, obtendremos entusiasmo, entrega, amor

Ten cuidado con tus palabras,
Pues tus palabras
Se convertirán en tus acciones.

Ten cuidado con tus acciones,
Pues tus acciones
Se convertirán en tus hábitos.

Ten cuidado con tus hábitos,
Pues tus hábitos
Se convertirán en tu persona.

Ten cuidado con tu carácter,
Pues tu carácter
Se convertirá en tu destino.

Autor desconocido

Como matrimonio somos lo que pensamos. Del pensamiento al corazón y del corazón a la acción; de la acción al hábito, y ese hábito eres tú. Pregúntate… ¿Qué te define? ¿Qué dicen de ti tus acciones?

Daniel

La pasión en mí no solo ha producido las mejores acciones de amor, valoración y admiración hacia Shari, también me ha inspirado a decirle a Shari en una canción lo que no sé expresar de otra manera. Recuerdo que en el año 2011 le compuse la canción «Mi Historia de Amor», una bachata romántica que le regalé para nuestro aniversario de bodas número once. Algunas de mis líneas favoritas de esta canción son:

MI HISTORIA DE AMOR

"...cuántos "te amo" hemos dicho,
cómo el tiempo ha transcurrido,
cuánto hemos construido,
de viejito quiero estar contigo,

Princesa, le pedí permiso a Dios,
pa' bajarte la luna,
le pedí su bendición para hacerte
más feliz,
porque mujer como tú no hay ninguna,
mi amor y atención es para ti".

Carl y Ellie de la película Up! de Diney/Pixar, es una historia de amor hecha en caricatura pero que representa la realidad de la vida. En los primeros minutos de la película Shari y yo ya estábamos llorando, nuestros corazones se identificaron con el amor que se tenían los personajes, con sus sentimientos de alegría, de aventuras, de creatividad; de los momentos desafiantes y aun los muy tristes. Pero sobre todo, nuestros corazones se identificaron con la pasión que vivían de no cansarse de hacerse feliz el uno al otro.

Me gustaron mucho las palabras de Pete Docter, el director de la película Up: *«El mensaje de la cinta es que Carl piensa que ya se perdió la aventura verdadera en la vida, al no poder ir a esos lugares exóticos y ver esos fantásticos escenarios. Pero al final, se percata que tuvo la mejor aventura de todas: la relación que tuvo con su esposa».*

«Aprendamos a disfrutar el paseo y terminémoslo juntos».

Sixto Porras

La pasión no muere, solo hay que recuperarla, y se logra volviendo a hacer lo que funcionó al principio cuando enamoraste a tu cónyuge.

... ¡Recuerda de dónde has caído! Arrepiéntete y vuelve a practicar las obras que hacías al principio.

(Apocalipsis 2:4-5)

LA PASIÓN CARACTERIZA AL AMOR

La pasión es el resultado de sentir la necesidad de cambiar una situación. Jesús tuvo pasión por la humanidad al sentir la necesidad de cambiar nuestra situación de pecado y condenación. Jesús fue intencional en pensar y venir a salvarnos, a librarnos de nuestro dolor y restaurar nuestra felicidad.

*La pasión
no muere,
solo hay que
recuperarla
y se logra
volviendo a
hacer lo que
funcionó
al principio
cuando
enamoraste a
tu cónyuge.*

¿Quién desea ver triste, en dolor, frustrado o sin esperanza a quien más ama? El que ama vive constantemente cuidando el corazón de su cónyuge, haciendo todo lo posible para protegerle del sufrimiento, de la tristeza; para mantenerle sonriente y feliz.

El amor es el propósito y la base que le da dirección a la pasión, pero la pasión es la actitud que caracteriza al amor. La pasión es como el aceite que hace una llama mantenerse encendida dentro de una lámpara.

La llama del amor es vivir con pasión. Es vivir con el interruptor de la creatividad encendido para ver cómo podemos hacer feliz a quien amamos día a día. La pasión hay que ejercitarla, y una de las maneras de hacerlo es preguntándote todos los días: ¿Qué puedo hacer hoy para hacer a mi esposa/o más feliz?

Shari

¿Qué hacías que has dejado de hacer?

¿Una carta, una mirada, una canción, una cita, una cena, una palabra de afirmación?

No es tarde para retomar lo que un día funcionó.

Oro para que el Espíritu Santo traiga a tu memoria lo que un día ardía en tu corazón, y nuevamente encienda y avive lo que esté apagado y estancado. Que el Padre mismo te arrope con el poder de Su amor como nunca antes, y que Su amor sea palpable sobre ti, tan fuerte que rindas tu voluntad y tus emociones a Él.

Que Su amor sea manifiesto a través de tu vida. Ama y entrégate como Él lo ha hecho por ti. Y si nunca has experimentado esta clase de amor, oro para que el Padre se haga real en tu vida hoy mismo. En el nombre de Jesús, amén.

Consejos para la reflexión

- *Recuerda qué fue lo que te enamoró de tu cónyuge.*

- *Para Dios el matrimonio es muy importante.*

- *Jesús es el mejor ejemplo de pasión, amor y entrega.*

- *Hay dos tipos de pasión, la dirigida a consentir la carne y la pasión enfocada. ¿Qué pasión dirige tu vida?*

- *La pasión te hace ser esforzado por lo que amas, paciente con lo que amas, e integro y fiel a lo que amas.*

- *¿Dónde inviertes tu pasión?*

- *La pasión enfocada trae madurez y formación del carácter.*

- *Purifica tu matrimonio a través de la Palabra de Dios.*

- *Desarrolla la pasión con constancia y persistencia a través del Espíritu Santo.*

- *¿Qué te define? ¿Qué dicen tus acciones de ti?*

- *La pasión debe ser intencional y no pasiva.*

- *La pasión debe estar enfocada todos los días en cómo hacer feliz a nuestro cónyuge.*

- *¿Qué mantiene la llama de tu relación encendida?*

- *No es tarde para retomar lo que un día funcionó.*

Notas

LA BIBLIA VOLADORA

Daniel

Vamos, sé que debes estar pensando, "¿Biblia voladora?". Pero te aseguro que a medida que sigas leyendo te darás cuenta que es el más apropiado título para este capítulo.

Crecí en una cuna cristiana, con unos excelentes padres dedicados al servicio de Dios en el ministerio. Siempre estuve rodeado de amor, guiado para cumplir el propósito de Dios en mi vida.

Desde muy joven sentí la necesidad de estar acompañado y conocer quién sería mi esposa. Aunque pude desarrollarme muy bien ministerialmente en mi tarea en el altar, reconozco que no era bueno en las relaciones emocionales. Tal vez tenía temor a equivocarme, o miedo a no ser aceptado, o sencillamente no sabía cómo separar y darle pausa a mi rol ministerial para abrir mi corazón y dar a conocer mis sentimientos.

El primer paso que di para vencer esto, fue ser sincero con Dios; le hice saber a través de una sencilla oración la necesidad de tener una esposa. No hay nada de incorrecto en hablarle al Padre de tus necesidades, todo lo contrario, Él se deleita en suplir cada una de las mismas. No le somos ajenos a lo que sentimos, nos creó así, de manera que no le tomamos por sorpresa con nuestras peticiones; Él ya está a la expectativa de ellas. Para Dios es tan importante tus peticiones como lo son para ti, porque te ama.

Hay dos decisiones muy importantes en la vida que tienen que ver con las relaciones y quién te va a acompañar el resto de tu camino. En primer lugar, aceptar a Cristo como Señor de tu vida; segundo, con quién te vas a casar. Para ese momento ya estaba seguro de que Jesús era mi Señor y Salvador, ¡solo me faltaba saber quién era la persona que sería mi esposa!

Recuerdo que estaba en Austin, Texas, en un retiro y era la medianoche. Oré por esto -a solas- y dije: «¡Señor, quiero casarme ya! Estoy listo, permíteme conocer a la persona que va a compartir el resto de la vida conmigo, en el nombre de Jesús, Amén». Una oración sincera y muy sencilla. ¡Qué bueno que también la contestó rápido!

¡Y LA BIBLIA VOLÓ!

Una semana después, ya de regreso en Puerto Rico, uno de los músicos de mi banda me recordó que tenía que ir a ministrar a un campamento de jóvenes de la Iglesia Amor y Verdad. ¡Realmente lo había olvidado! Así que me organicé y fuimos. El campamento estaba lleno de jóvenes. Para este momento todavía no había grabado ningún CD, solo íbamos a dirigir la alabanza y a compartir la Palabra. Estaba recién en los comienzos del ministerio.

Durante la reunión hubo un tiempo de alabanza muy especial. Mientras cantábamos, solté mi guitarra, tomé mi Biblia y me puse a saltar junto a todos esos jóvenes. Por estar saltando y moviendo mis manos, la Biblia salió de mis manos y voló a mi lado izquierda sobre las cabezas de los jóvenes que estaban saltando a la par.

Inevitablemente mi vista siguió el trayecto de mi Biblia, observando dónde iba a caer. En ese momento vi a una joven hermosa que atrapó mi Biblia en el aire. Me acerqué a buscar la Biblia, la miré, pero seguí cantando. En medio de tanta gente vi a Shari por primera vez. Parecía una escena romántica de una película de Hollywood.

Terminó el campamento, todos se fueron a comer, y junto con la banda nos quedamos a compartir un tiempo con ellos. Vi a Shari otra vez, pero simplemente le hice un tímido comentario: «Ah, ¿tú eres la muchacha que agarró mi Biblia?». Pero no hablamos más.

Sin embargo, al llegar a mi casa, mi hermana menor, que estaba en el campamento con nosotros, le comentó a mi mamá lo que había sucedido con mi Biblia voladora, entonces por primera vez mi mamá me dijo:

«Daniel, ¿no le pediste su número de teléfono?».

"¿Qué?" - me pregunté.

Tienen que entender que mi mamá nunca haría un comentario así. Ella me cuidaba mucho y jamás me permitió una novia. Esas palabras me hicieron reflexionar. ¿Quizá esa era la mujer para mi vida? Pero... ¿cómo volvería a verla?

MI DESEO DE SER CUIDADA Y PASTOREADA

Shari

A diferencia de Daniel, vengo de un hogar dividido. Mis padres se divorciaron cuando yo tenía cuatro años de edad. Mi papá es norteamericano, y durante el tiempo que formaba parte de las filas de la marina, conoció a mi mamá. Se casaron y luego de unos años decidieron divorciarse. Así que básicamente crecí sola junto a mi mamá.

Sin embargo ella sembró en mí el mejor regalo que una mamá pudiese darle a una hija: a Jesús. Poco a poco ella comenzó a sembrar el temor de Dios en mi vida, sin embargo, por las distintas experiencias, nuestra vida espiritual era inestable. Pero esa semilla fue creciendo en mí...

Mi papá vivía en los Estados Unidos. Reconozco que no haberlo tenido cerca físicamente, creó en mí un gran vacío, una necesidad. Al mismo tiempo, la soledad de mi mamá y algunas de sus relaciones frustradas hacían que ambas estuviéramos en un proceso de dolor y de malas experiencias. Esto desarrolló en mí un sentido de incertidumbre e inseguridad acerca de lo que representaba la familia y el matrimonio.

En mi interior pensaba que iba a vivir lo mismo que mi mamá había experimentado. Dentro de mí había una voz que me decía: «¡Te va a pasar lo mismo! ¡Estás destinada al fracaso!». Al creer estas mentiras, levanté barreras en mi corazón. Al mismo tiempo, a mi alrededor no veía ningún matrimonio saludable que me ayudara a ver con esperanza alguna posibilidad de que podía ser distinto.

Dios, en su infinita misericordia, deseaba despertar en mí algo diferente, quería sembrar una semilla de esperanza

Como joven universitaria lo que hice fue refugiarme en los estudios. Me gradué con excelentes notas en la carrera de Justicia Criminal. En mi caso, conocí personas con esperanzas de un futuro tratando de llenar vacíos, pero ninguna era la persona indicada para mí.

Sin embargo, Dios, en su infinita misericordia, deseaba despertar en mí algo diferente, quería sembrar una semilla de esperanza y parte de su corazón en mí. No tengo duda que aun en los momentos de oscuridad, Él trae su luz para que podamos ver con claridad.

Es así que usó a mi amiga Linett, una joven muy apegada al Señor, con quien desarrollé una linda amistad. Al tiempo se casó y junto a Javier (su esposo) me enseñaron cómo era vivir un matrimonio unido en el Señor. Verlos encendió en mí la luz de esperanza que necesitaba para creer que podía alcanzar ese mismo sueño.

Entonces me acerqué aún más al Señor en mi deseo de ser cuidada y pastoreada. En mi iglesia, Amor y Verdad, fui parte de un excelente grupo de jóvenes, y con ellos experimenté lo que significaba estar en su Presencia. Así que para ese tiempo mi iglesia organizó un campamento de jóvenes, ¡el mismo de la Biblia voladora!

Todos estábamos muy emocionados. Yo tenía muchos deseos de ir, pero se realizaba en fin de semana, y a causa de mi trabajo no podía asistir. Necesitaba que la empresa de aviación donde trabajaba, me diera viernes, sábado y domingo libre ...y realmente que eso ocurriera era muy difícil. ¡Solamente un milagro me llevaría a ese campamento!

Yo deseaba con todo mi corazón estar, entonces oraba y decía: «Señor, anhelo ir a este retiro, pero solamente un milagro puede hacer que ocurra». Entonces, algo sucedió internamente en la empresa que mis superiores me aprobaron la salida. El milagro ocurrió y pude ir.

¡EL VERDADERO AMOR CAYÓ EN MIS MANOS!

Ahora quiero contarles mi perspectiva de ese gran episodio en nuestras vidas. Desde el día que llegué al campamento, el Señor ministró mi corazón. Pero el día lunes 6 de septiembre de 1999, mientras estaba sentada junto a un grupo de jóvenes esperando que presentaran al predicador invitado, veo entrar a un jovencito delgado, con lentes negros, camisa blanca y mochila amarilla. Verlo llamó mi atención. Pocos minutos después comenzó a ministrar, y mientras hablaba me asombraba con cuánto conocimiento y sabiduría predicaba la Palabra. También me impactó ver a alguien tan joven y con una gran pasión por el Señor.

Dio una palabra maravillosa de parte de Dios a través de la historia de Gedeón, y cuando terminó de predicar, comenzó a dirigir un tiempo de alabanza lleno de mucho gozo. Mientras estaba brincando y saltando, de pronto oigo un suspiro de la gente. Al abrir mis ojos veo que algo negro venía volando hacia mí. Lo atrapo, y era una Biblia, graciosamente se acercó Daniel con su micrófono y la tomó.

Cuando terminó la reunión, nos íbamos a almorzar, se sentó en mi mesa Juancho, el hermano mayor de Daniel, y mientras hablábamos, Daniel pasó y me dijo: «Tú eres la muchacha de la Biblia ¿no es verdad?» y jocosamente comentó: «Te imaginas que te hubiera dado en la cabeza y te hubiera tumbado». Comencé a reírme y así fue nuestro primer encuentro.

No supe nada más de él hasta dos semanas después. Todos en mi iglesia estaban super emocionados de haber conocido a este muchacho que se llamaba Daniel Calveti, quien era hijo de pastores de una iglesia en Caguas llamada Fruto de la Vid. Así que cuando se enteraron dónde estaría tocando junto con otras bandas, decidieron ir.

Cuando llegamos al concierto, ya Daniel y su grupo había terminado su participación, y mientras estábamos ingresando veo a Daniel caminando hacia nosotros, pero su actitud demostraba que venía hacia nosotros con una misión... Es más, yo diría ¡con un propósito que tenía nombre y apellido!

Al acercarse comienza a decir mi nombre en tono alegre y muy emocionado: «Shari, Shari, ¡tú no sabes! Te he estado buscando. Le conté a mi mamá de ti. Por favor no te vayas de este lugar sin darme tu número de teléfono». Al oír esto mi pensamiento era: «Este muchacho está loco. ¿Cómo me habla así, si yo no lo conozco?». Mi personalidad fue siempre seria y cautelosa. Sin embargo, en lo profundo de mi corazón me asombró la determinación de Daniel.

Rápidamente la gente empezó a saludarlo. Yo me quería ir porque me sentía extraña, pero él continuó insistiendo: «Por favor, no te vayas sin darme tu teléfono». Entonces me contó lo que había ocurrido cuando llegó a su casa luego del campamento, y lo que su mamá le había dicho.

Así que le dicté mi teléfono, él lo escribió en un pedacito de papel que tenía en su auto, y me entregó otro papel con su número. ¡Imagínense!

Llegué a mi casa llena de emoción porque me había pedido mi número de teléfono. Me preguntaba ¿cómo un joven como él se podía fijar en mí? Esta y muchas preguntas pasaron por mi mente. Pero ese papelito fue solo el comienzo de una hermosa historia de amor. Todos los jóvenes de la iglesia estaban contentos y emocionados con lo que había ocurrido.

Tengo un libro diario que te hace preguntas acerca de tu matrimonio a través de los años. Allí debes escribir tu historia desde el comienzo, pasando por el tiempo de los hijos y aun de tu vejez.

Cada cierto tiempo me siento a escribir. Y en estos días, me senté a leerlo y recordé lo vivido. Estoy segura de que Dios usó el incidente de la Biblia para despertar algo en mi corazón. Estaba llena de temores. Pero Dios hizo algo sobrenatural para llamar mi atención.

LÍNEA DIRECTA AL CORAZÓN

Daniel

Al leer nuestra historia se ve como si estuviéramos contando un cuento, ¡pero no lo es! ¡Realmente sucedió! Pero lo que la gente no sabe es que los dos veníamos con anhelos y sueños, pero también con temores e inseguridades. Shari con temor al fracaso y yo con el temor de que nadie me amara como yo era.

De la misma manera, muchos creen que fueron diseñados para vivir en el dolor, fracaso, temor, soledad o inseguridad. Si eres soltero/a, espero que esta historia te anime a pensar que no es así, que hay recompensa para los que esperan en Dios. Que aun no importa tu historia de vida o tu pasado. No importan tus temores y frustraciones, ríndete a Jesús, Él puede hacer algo nuevo en ti. Algo pasó en ese campamento, porque Shari no fue a buscar un esposo, ni yo una esposa. Ambos fuimos a buscar a Dios y a rendirnos a Él. El mayor tesoro fue habernos acercado a Jesús.

Shari

«Yo os conjuro, oh doncellas de Jerusalén, por los corzos y por las ciervas del campo, que no despertéis ni hagáis velar al amor, hasta que quiera» (Cantares 2:7 - RVR1960).

El día que conocí a Daniel el Señor despertó el amor en mi corazón. Me llamó la atención su carácter, su manera de hablar y su sabiduría; nunca había conocido a alguien así.

Después de haber intercambiado nuestros números telefónicos, pasó más de una semana y no recibía ninguna llamada. ¡Podrás imaginarte cómo estaba yo! Los jóvenes de la iglesia que sabían lo que había ocurrido, me preguntaban: «¿Ya te llamó?». Como mi respuesta era negativa, ellos me animaban a que yo lo llamara, pero como buena chica no quería hacerlo, pensaba que eso le correspondía hacerlo a él. Pero en lo profundo de mi corazón, cada día esperaba esa llamada.

Daniel

Luego de haberle pedido su número de teléfono, pensé: «hoy es viernes, así, que la llamaré el martes entrante para que no piense que estoy apresurado». ¡Pero la verdad era que estaba desesperado por hablar con ella! Finalmente llegó el día, y cuando marco su número, respondió un mensaje que decía: «Este teléfono ha sido desconectado». En ese momento; miles de pensamientos cruzaron mi mente: «no quiere hablar conmigo», «cambió su número de telefono» y muchas otras cosas más que mi imaginación desbordaba.

Shari

Por mi lado, mi amiga Laurita me animó a llamarlo diciéndome que debía darle el beneficio de la duda: «¿Y si perdió el número de teléfono?», me decía, "¿y si algo sucedió?". Eso me hizo pensar, y luego de convencerme me dijo: «Haz esto: llama de parte de los jóvenes de la iglesia y pregúntale cuándo es la próxima vez que se van a presentar, porque quieren ir a verlo. Si él tiene algún interés en ti, te va a decir, "yo te quería llamar, pero me pasó tal cosa". Si no hay ningún tipo de interés, simplemente te va a dar la información y tú sales de la duda».

Después de muchas vueltas tuve la valentía de llamar. Lentamente marqué el número y escuché una voz que dijo: «Hola».

«Buenas noches, ¿se encuentra Daniel? Mi nombre es Shari», respondí nerviosamente.

En ese momento del otro lado del teléfono se escuchaba algarabía y ruidos.

No importan tus temores y frustraciones, ríndete a Jesús, Él puede hacer algo nuevo en ti

Daniel

El que respondió el teléfono era mi hermano Giosué. Cuando escuchó que la persona que llamaba era Shari, no pudo contener la emoción de alegría y dijo emocionado: «¡Daniel, es Shari!». En ese momento mi corazón comenzó a palpitar aceleradamente y hasta me «perfumé» (chistosamente lo digo) solo para acercarme al teléfono.

Al hacerlo veo que el número que figuraba en la pantalla era diferente al que tenía anotado, ¡el último dígito era diferente! Tomé el teléfono y le digo: «¡Shari, me estoy dando cuenta que apunté mal tu número de teléfono!».

Shari

¡Me sorprendió tanto la actitud de Daniel! No le dio vueltas al asunto y directamente me dijo:

—Shari, tú no sabes, pero te estuve llamando, al parecer apunté el número mal. Y con un tono de voz alegre y tierno me dijo: Vamos a ponernos de acuerdo en algo, ¿tú quieres hablar conmigo?

—Sí, claro, —respondí.

—Entonces, por favor, nunca pienses que no quiero hablar contigo. Quiero que sepas que tengo interés en conocerte.

Fue una amistad inmediata. Por mi parte tenía claro que no quería perder el tiempo en cosas que no tenían sentido. Y fuimos bendecidos ya que Dios guió a Daniel en el mismo sentir. Desde ese día comenzamos a tener conversaciones muy significativas.

MOSTRANDO EL CORAZÓN

Daniel

Nuestro noviazgo solamente duró diez meses, ¡pero fue tan intenso! Realmente no perdimos tiempo. Nuestra primera cita fue con chaperón, mi hermano Giosué nos acompañó. Fuimos al Paseo de la Princesa, en el viejo San Juan, Puerto Rico. Un sitio romántico y colonial.

Shari

Mientras caminábamos comenzó a lloviznar, y Daniel sacó un paraguas para cubrirme. Estábamos los dos caminando bajo el paraguas. Giosué iba a unos diez pasos detrás de nosotros, pero escuchaba toda nuestra conversación. Desde ese momento Daniel fue muy directo en un buen sentido, como el que sabe lo que quiere y hacia dónde va.

Me preguntaba acerca de mí, de mi vida, como por ejemplo: «¿Qué opinas del matrimonio? ¿Qué opinas de la familia? ¿Qué opinas de los niños? ¿Cuál es tu idea sobre el ministerio? ¿Qué piensas acerca del sexo antes del matrimonio? ¿Y qué piensas acerca de vivir en una familia ministerial?».

En mi interior pensaba: «¿Quién se anima en la primera cita a hacer preguntas tan profundas?». Me daba mucha seguridad conocer a alguien que tuviera tan en claro hacia dónde iba. Era como una pequeña entrevista de trabajo, pero él quería conocerme y saber dónde estaba mi corazón. Y seguía pensando: «Yo no estoy para perder el tiempo. Estos son mis anhelos y mis sueños. Si él es la persona que Dios tiene para mí, va a entender lo que hay en mi corazón». Así que, con calma, respondí cada una de sus preguntas, di mis opiniones, dije lo que creía, mis procesos de vida, la temporada donde me encontraba y lo que el Señor había puesto en mi corazón.

Igualmente él contestó con mucha paciencia las mías. Fue una conversación muy directa, llena de preguntas y respuestas. Luego, Daniel me contó que su hermano le decía: «¡Daniel, tú estás loco! Esas preguntas eran bien profundas. Esta muchacha no va a querer salir más contigo». Pero para mí fue muy importante que él haya actuado así. Yo necesitaba eso.

Desde un principio ambos estábamos claros de que no queríamos perder el tiempo en conversaciones sin sentido. Cada conversación fue profunda, sincera, y nos esmeramos en mostrar nuestro corazón.

Daniel

Obviamente las preguntas que le hacía no eran desde la postura de un «jefe cara seria», sino con mucha amabilidad, dulzura y respeto. Creo profundamente que hoy, después de tantos años, volvería a hacerle las mismas preguntas, y seguramente obtendría las mismas respuestas. Shari estaba lista.

Ese día comprendí que su carácter y madurez era lo que estaba esperando. Entonces, ese día, sin duda alguna, confirmé que quería continuar conociéndola.

Así comenzó una amistad. Nos encontrábamos a correr en patines o a jugar tenis juntos por el Viejo San Juan en compañía de un grupo de jóvenes de nuestras iglesias; y en cada oportunidad aprovechábamos para tener largas y hermosas conversaciones.

Shari

Siempre hablábamos muchísimo. Y aún hoy lo hacemos. Muchas de esas largas conversaciones eran telefónicas. Nuestras familias nos pedían por favor que no hablaremos tanto, pero seguíamos hablando. ¡Cómo olvidar esa temporada! Pero estas largas conversaciones desarrollaron una muy linda amistad. Teníamos muy claro que solo éramos amigos. sin embargo, él estaba pendiente de mí y yo de él. Un día lo confirmó sin palabras.

Una noche fuimos con otros jóvenes de la iglesia a comer a un restaurante de comida rápida. Al terminar de comer, Daniel trajo un postre, me miró a los ojos y lo puso al frente mío, sin palabras. Algo tan sencillo me habló al corazón. Ese acto me hizo sentir especial. Él me estaba diciendo: «Tú eres especial para mí».

Cuando estaba yéndome, quiso acompañarme a la gasolinera para que no fuera sola, y entonces de manera respetuosa y tierna me dijo: «¡Tienes unos ojos y un cabello tan bonito!», ¡y yo, totalmente sonrojada! Luego, antes de irme, me dice: ¿me permites orar por ti? Déjame bendecirte antes de que te vayas».

¿Qué? ¿Quién es este chico? ¿Quién hace eso hoy en día? Definitivamente Daniel rompió todo molde que yo conocía. Regresé a mi casa pensando: «Se preocupó por mi seguridad. Tuvo palabras lindas y respetuosas para mí. Tomó de su tiempo para bendecirme...». Esto empezó a perfilar a Daniel en mi corazón. Sus detalles y palabras de afirmación era lo que yo necesitaba. Me hizo sentir segura, cubierta y cuidada.

Definitivamente Dios usó a Daniel para traer a mi vida la esperanza de que un nuevo y buen capítulo comenzaba en mi vida. Su amor sobrepasó mis expectativas y me hizo entender que mis sueños y anhelos de niña no habían sido olvidados.

Consejos para la reflexión

- *No importa de qué trasfondo familiar vengas, tu pasado no determina lo que Dios quiere hacer en tu futuro.*

- *Si aun te encuentras cerrado al amor, lleno de temores e inseguridades, es tiempo que busques sanar tu corazón. Dios tiene el poder para producir cambios.*

- *¿Qué deseas para tu futuro? Seguramente tienes en tu mente alguna imagen o modelo familiar que quisieras imitar. Pídele a Dios que te rodee de matrimonios saludables.*

- *¿Estas en la etapa del noviazgo? El inicio de una relación es muy importante. Toma tiempo para conversar. Hablen, hablen y hablen aun más. Dedícale varias horas a las charlas profundas y claras para que se conozcan el uno al otro.*

- *¿Eres amigo de tu cónyuge? Aún estas a tiempo para tener conversaciones profundas y hablar del propósito de Dios para la vida de ambos. Pídele a Dios que les muestre hacia dónde se dirigen.*

- *Siempre recuerda: Dios no se ha olvidado de tus sueños y anhelos.*

Notas

UN MILAGRO CREATIVO

Shari

Luego de hablar por más de un mes por teléfono, y de vernos una vez a la semana entre los grupos de jóvenes, Daniel me llama con un plan que ayudaría a darle forma a nuestra amistad: «Sería una súper idea que hagamos el ayuno de Daniel por 21 días», me dijo.

El ayuno es un herramienta espiritual que enseña la Biblia para implementarla cuando necesitamos una respuesta urgente de parte de Dios. Fue realizado por distintas personas en la Biblia, incluyendo a nuestro Señor Jesucristo. El de Daniel, en particular, fue un ayuno en base a comer solamente legumbres.

Y con asombro le dije: «¿Qué? ¿Un ayuno? ¿Para qué? Deben entender que yo no venía con el conocimiento y las disciplinas espirituales que

Daniel tenía. Yo conocía lo que era un ayuno, pero nunca me imaginé que un joven que pretendiera a alguien le propusiera una idea como esta. Sin embargo su propuesta me intrigaba.

Daniel

En ese momento, y ante las preguntas de Shari, le expliqué que yo valoraba tanto lo que Dios nos estaba regalando que sentía la necesidad de darle dirección a nuestra relación; y además necesitaba que Dios nos ayudara a definir qué hacer con todo lo hermoso que estaba pasando entre ella y yo.

Shari

Y yo obviamente acepté... Esto era lo que yo había estado esperando por mucho tiempo y por fin lo estaba experimentando. Me sentía amada, dirigida, y cuidada. Entonces nos reunimos a programar lo que haríamos. Daniel llegó con el plan plasmado en un papel y me dijo: «Cada uno va a tener una agenda y vamos a ponerle un nombre a nuestro ayuno. Se va a llamar "Un milagro creativo"».

Años más tarde Daniel grabó la canción «Un milagro creativo» en uno de sus CD's. No muchos saben que esta canción nace de este tiempo de búsqueda de un milagro creativo para nosotros, en donde anhelábamos escuchar la voz de Dios para nuestro futuro.

En aquella agenda anotábamos nuestro tiempo devocional y lo que Dios nos hablaba. Durante estos 21 días no nos podíamos ver ni hablar. Eso era muy difícil para nosotros. Solo los jueves nos encontraríamos en un local de comida rápida que conocíamos para así conversar cómo nos había ido durante la semana. Intercambiábamos comentarios sobre los libros que leíamos, lo que hacíamos en la semana, y luego volveríamos a dejar de hablarnos por una semana, hasta volver a encontrarnos el jueves siguiente.

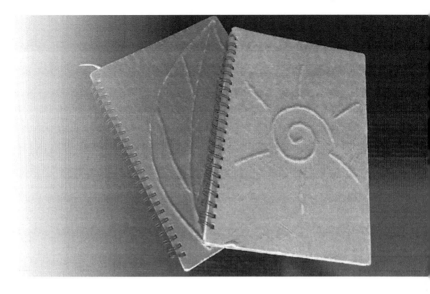

¡Guardamos nuestras agendas como un preciado tesoro!

TEMPLANZA Y DIRECCIÓN DE DIOS

Para mí esta decisión fue muy fuerte, recién nos estábamos conociendo y extrañaba mucho hablar con él. Pero a la vez, admiré mucho a Daniel porque pudiendo vernos todos los días, decidió buscar la dirección de Dios para nuestro futuro. Al día de hoy todavía tenemos nuestras agendas y recordamos lo que Dios nos habló en ese tiempo.

Cada jueves nos sentábamos en la misma mesa. Los meseros ya nos conocían. Yo siempre le llevaba una cartita, un detalle. Y él siempre me regalaba alguna música o un libro. Recuerdo que me regaló un libro que se llamaba «Mujeres con propósito», de Cindy Jacobs. Me gustaba cómo le añadia a mi vida espiritual, Pero también eran oportunidades para verlo y hablar con él.

Daniel

Para ese tiempo, yo estudiaba psicología y estaba muy envuelto en la pastoral. Parte de mi rol como pastor de jóvenes y de adoración en mi iglesia era aconsejar a personas, entonces y sin querer desarrollé un sentido de analizar a las personas desde una posición psicológico-pastoral. Sin embargo, una de las cosas que más agradezco y que sucedió dentro de esos 21 días, fue darme cuenta lo mucho que yo necesitaba a Shari en mi vida. La combinación de su amor y sabiduría venía a aportar mucho, no solo a mi vida sino a nuestra relación.

Uno de esos jueves, mientras hablábamos, me dijo: «Daniel, cuando te sientes a hablar conmigo quítate la bata ministerial y profesional, abre tu corazón y déjame conocerte tal cual eres». Yo necesitaba aprender a abrir mi corazón y mostrar mis emociones.

Como hijo de pastor, una de las cosas que ocurren es que guardas tantas cosas por estar siempre en una posición de liderazgo que se te hace difícil que la gente pueda saber realmente quién eres. Siempre surgen temores.

Yo pensaba: «Si ella me llegara a conocer tal cual soy, sin el rol de ministro, ¿me amará?». Luego de esa charla, comencé a abrir mi corazón y a tener conversaciones aun más profundas sobre mis temores, preocupaciones, anhelos y debilidades en mi carácter. Nuestra intención no era señalarnos y acusarnos, sino aprender uno del otro. Siempre hubo mucha libertad en nuestra comunicación.

Shari

Nunca olvido que durante esos veintiún días, una noche sonó el teléfono y era Daniel, y como teníamos por regla que no podíamos hablar, me asombró. Entonces me dijo: «Perdóname, pero quiero que escuches esta canción». Y comienza a cantar por primera vez «Un milagro creativo», una canción que expresa nuestra dependencia de Dios.

Tenía una dulce melodía, y mientras Daniel la cantaba, Dios nos llenó de paz a ambos. Su paz era un recordatorio de que Su voz nos continuaría guiando. Y agregó: «Quiero que sepas que estoy orando mucho por nosotros y siento que Dios me dio esta canción en este tiempo».

Daniel

Cada vez que la veía, me moría de ganas de tomarle las manos. Ella siempre se veía hermosa. Nunca en nuestras charlas semanales habíamos conversado acerca de lo que Dios nos había hablado específicamente a través de Su palabra. Estábamos deseosos de hablar e intercambiar nuestras libretas y finalmente se dio cuando el ayuno terminó.

Ese ayuno nos guió a escuchar la voz de Dios, y a pesar de la distancia, la relación había madurado mucho más. Cada vez que hablábamos había más propósito en lugar de desilusión. Crecía la admiración y el deseo de seguir conversando y conociéndonos.

Para ese entonces, personalmente estaba viendo dónde Dios me llevaría ministerialmente. Sabía que Él tenía cosas grandes para mí, pero nunca me pasó por la mente adónde Dios me llevaría. Yo era un joven universitario, pastor de jóvenes de mi iglesia, director de alabanza, Presidente de la Confraternidad Cristiana de la Universidad. Estaba muy involucrado en las actividades de los jóvenes.

Aun esos días de ayuno era para preguntarle a Dios: Señor, ¿qué quieres conmigo? ¿Qué quieres con nosotros? Aunque solo llevamos poco tiempo de conocernos, nuestras conversaciones fueron tan profundas que siento que Dios aceleró el proceso, y para mí era inevitable no pensar ver a Shari conmigo en el futuro.

LA CASA

Shari

Nos conocimos un 6 de septiembre, y el 24 de octubre comenzamos el ayuno hasta el 13 de noviembre. Queríamos escuchar la voz de Dios. Y finalmente llegó la oportunidad de reunirnos y contarnos todo lo que Dios nos había dicho.

Tenía temor que no hubiera nada en común, que Dios nos hablara distintas cosas y que al leer las libretas a la vez, nos diéramos cuenta que no había ningún propósito detrás de nuestra amistad.

Con muchos nervios comenzamos a leer lo que habíamos anotado, nos asombramos al notar que lo mismo que Dios le había hablado a Daniel, ¡me hablaba a mí! Una palabra muy fuerte que el Señor nos dio fue «casa». «Esta es mi casa», «Porque levantaré casa», «Levantaré muro», «construir lo que estaba asolado».

Muchos de los textos a través de los cuales Dios nos había hablado eran de la misma línea, los mismos versículos. Edificar, construir, casa. Dios estaba guiando nuestro corazón a lo que hoy vemos cumplido, aunque en ese tiempo no veíamos todo con claridad.

Entre las páginas de nuestras agendas estaba la letra de la canción que Dios le dio a Daniel y que me cantó a través del teléfono aquella noche:

«Un milagro creativo

cambiaría hoy mi vida

Un milagro de tu espíritu, Señor.

Un milagro que no venga

de la lluvia o del fuego.

Un milagro de tu dulce voz,

de tu voz que me alimenta,

de tu voz que me da paz,

de tu voz que me hace fuerte

cuando débil yo soy».

Daniel

Dios nos hablaba mucho acerca de ponerle cimiento a la "casa", y cuáles iban a ser los fundamentos de esa "casa". Estábamos tratando de descifrar muchas cosas pero de seguro al nosotros pensar en la palabra "casa" era inevitable asociarlo con palabras relativas tales como: diseñar, construir, edificar, preparar.

A ambos nos emocionaba conocer el plano macro de todo lo que Dios había diseñado para nosotros y estábamos listos para comenzar a edificar. Dios habla de distintas maneras y en nuestro caso estábamos experimentando su dulce voz a través de Su Palabra.

Shari

Al principio, en mi agenda escribí una oración donde se podía ver mi corazón antes de comenzar los veintiún días de ayuno, y quiero compartirla con ustedes, dice:

«Señor, el motivo principal de este ayuno es acercarme más a ti y crecer más en ti. Se llama "Un milagro creativo" porque cambiarás y restaurarás muchas áreas de mi vida. Mi vida, y todo a mi alrededor, necesita un milagro creativo. Permíteme crecer y conocer tu perfecta voluntad, muéstrame y enséñame a conocer tu camino. Quiero caminar tomada de tu mano, nunca más sola.

También quiero que este ayuno sea decisivo para las áreas de mi vida, tanto espiritual, como emocional y sentimental. Quiero que estos veintiún días de ayuno me moldeen y preparen para tomar el rumbo del ministerio que tienes para mí. Te amo Señor y quiero hacer tu perfecta voluntad».

Los primeros versículos que Dios me dio, están en Isaías 60:18: «*Nunca más se oirá en tu tierra violencia, destrucción ni quebrantamiento en tu territorio, sino que a tus muros llamarás Salvación, y a tus puertas Alabanza*» (RVR1960). Y para mí eso fue muy importante porque había experimentado el quebranto, ya que había vivido muchas adversidades emocionales y familiares en mi vida. Para mí era necesario leer esta promesa y comenzar a ver con claridad un futuro diferente.

LA HERMOSA VOZ DE DIOS

Luego me dio este otro texto:

«*Reedificarán las ruinas antiguas, y levantarán los asolamientos primeros, y restaurarán las ciudades arruinadas, los escombros de muchas generaciones*» (Isaías 61:4 RVR1960).

En medio de esos días de ayuno Dios me hablaba de que restauraría lo que estaba roto en mi corazón, y levantaría una nueva generación. Restauraría una generación nueva, sin conflictos ni temores, todo sería nuevo.

Fue un tiempo maravilloso. Aunque tuvimos un noviazgo corto, fue muy profundo. Hoy en día uno de los consejos que más compartimos con las parejas de novios con planes a casarse es que inviertan tiempo de calidad hablando de lo que realmente es importante.

Daniel

En esta temporada nos anclamos a su Palabra. Las profecías para hablarnos son buenas y necesarias en su debido momento, pero he aprendido a buscar como prioridad respuestas en la lectura de la Palabra de Dios.

Nunca hubo duda entre nosotros, porque fue Su Palabra la que nos guió y ayudó. Fue Su palabra la que confirmó lo que sentíamos, la que apoyó nuestra decisión. Su Palabra nos dio la paz para también llenar de paz a todos los seres queridos que nos rodeaban.

Dios, en distintas etapas de nuestra vida, le ha dado nombre a esa temporada. Así que la temporada de nuestro ayuno lo llamó «Un milagro creativo».

Uno de los consejos que más compartimos con las parejas de novios es que inviertan tiempo de calidad hablando de lo que realmente es importante

Cuando comenzamos nuestra amistad, la empresa aérea donde Shari trabajaba inauguró un vuelo especial de Venezuela a Puerto Rico, y crearon un pin decorativo para la solapa de los sacos que tenía las AA (American Airlines) y las banderas de los respectivos países. Justamente los mismos países de nuestro nacimiento...

Puerto Rico, donde nació Shari, y Venezuela, donde yo nací. ¡Eso nos parecía increíble! Y comenzamos a llamarle a esa temporada «Amistad Águila». ¡Fue tan divertido! Estábamos tan enamorados, que cada detalle nos hablaba. Entendíamos que nuestra amistad era como las águilas, diseñadas para llegar alto.

Nuestro noviazgo se llamó «barco en puerto seguro». Y nuestro compromiso y los primeros años de matrimonio se llamó "La Casa".

Si escuchas bien, te darás cuenta de que Dios le está poniendo nombre a tu temporada. En mi agenda escribí un nuevo nombre para Shari: "Mujer de propósito" porque desde el principio ya podía ver parte de lo que Dios iba a hacer con su vida.

Hoy me llena de mucha alegría decir que Shari es una excepcional esposa y madre. Ella es un regalo de Dios no solamente para mí, sino también para mis padres y hermanos. Dios la ha usado para incorporar el principio de familia aun más fuerte dentro del grupo.

Todos saben lo ocupada y ajetreada que es la vida de las familias pastorales; así que en las reuniones familiares, el cocinar, los regalos, los detalles de los cumpleaños y las festividades, los ha incorporado ella. ¡Ella lo celebra todo! Hoy, cuando a uno de nuestros hijos se le cae un diente, es una gran noticia y una gran celebración.

Shari

Daniel podía ver lo que Dios tenía para mí, y me lo decía. Simplemente yo necesitaba sanar mi corazón y creer lo que Dios tenía para mi vida. Necesitaba un cambio de mentalidad. La Palabra dice: «*Esposos, amen a sus esposas, así como Cristo amó a la iglesia y se entregó por ella para hacerla santa. Él la purificó, lavándola con agua mediante la palabra, para presentársela a sí mismo como una iglesia radiante, sin mancha ni arruga ni ninguna otra imperfección, sino santa e intachable*» (Efesios 5:25).

Doy gracias a Dios por la sabiduría de Daniel, por como lideró nuestra relación, por guiarme y ver las áreas de mi vida que necesitaban crecer y desarrollarse. Así como Jesús lleva la Iglesia ante el Padre para ser lavada y limpiada, Daniel me llevó con ternura y amor directo al Padre. Y en lugar de señalarme y decirme lo que tenía que mejorar, siempre me mostró gracia y amor.

Daniel

Dios, a través de Shari, me regaló la posibilidad de apreciar los detalles de la vida y del amor de Dios para conmigo, me enseñó también a desarrollar relaciones de amistad y a abrir el corazón. Ella vino a mi vida para ayudarme a disfrutar y ver la belleza de cada paso de la vida, por más pequeño que fuera.

Él guió cada temporada, no porque haya algo especial en nosotros sino porque decidimos hacerlo parte del proceso

Ella tiene la capacidad de ver sencillo lo que yo veo complicado y de afinar y definir mis proyectos. Siempre que habla tiene la gracia de que todo lo que dice, hace mejores y más grandes mis proyectos y los de nuestra familia.

Mi vida necesitaba ser completada por Shari.

¡HAZ A JESÚS UNA PARTE IMPORTANTE EN TU RELACIÓN!

Shari

Tal ves te preguntas «¿Qué tiene de provecho toda esta historia y cómo puedo aplicarla a mi vida?». Como les mencionamos al comienzo, este libro no se trata de pasos a seguir para ser una mejor pareja. Se trata de que Dios desea relacionarse contigo y que lo hagas parte de tu vida. Él desea ser parte de cada temporada. Él desea que por más sencilla que sea tu decisión, puedas escuchar su sublime voz.

Ahora, muchos años después, creo firmemente que Él guió cada temporada, no porque haya algo especial en nosotros sino porque decidimos hacerlo parte del proceso. Y Hoy vemos el resultado. El sabía nuestras areas débiles y las que necesitaban cambio. Buscar y vivir apegado a Él hace que su Espíritu Santo nos guíe a toda verdad y nos dé estrategias para crecer. Lo hizo con nosotros, sin duda alguna.

Daniel

Oro en el nombre de Jesús para que, sin importar la temporada en que te encuentres, te relaciones aun más con tu amado Padre, quien te creó, te conoce y sabe lo que necesitas. Que Él dirija cada unos de tus pasos. Le pido para que si estás soltero/a puedas desarrollar intimidad con Él y así aprender a escuchar su voz en todo tiempo.

Si estás de novio o comprometido, ruego que puedas ser dirigido en cada decisión, y que cada conversación pueda traer crecimiento a sus vidas y les permita conocer cuál es Su voluntad para ustedes. Y si estás casado, oro para que el Padre muestre Sus planes para tu familia y matrimonio. Que les dé estrategias de crecimiento en todas las áreas. Él te Ama y desea pasar tiempo contigo. En el nombre de Jesús, Amén.

Consejos para la reflexión

* *Si aún estás de novio/a, toma tiempos de oración para escuchar la voz de Dios.*

* *Permite que Él te muestre Su diseño para tu familia.*

* *Sé intencional en sacar tiempo para relacionarte con Dios. Él quiere hablarte.*

* *Busca un diario donde anotes lo que Dios te está hablando a tu corazón.*

* *Sé transparente y abre tu corazón.*

* *Ponle nombre a las temporadas de tu vida.*

* *Ánclate a la Palabra.*

Notas

TE AMARÉ POR SIEMPRE

Shari

Un día Daniel me dijo: «Shari, necesito decirte algo: ¡Te amo!». ¡Todavía no éramos novios y él me está diciendo eso! Entonces agregó: «Yo entiendo que el amor es una decisión, y hoy decido amarte por siempre». Escuchar esas palabras fue muy importante y emocionante para mí. Ese fue su primer «te amo». Inmediatamente respondí: «Yo también decido amarte».

Unos pocos días después me encontré con Daniel en un parque y lo vi muy pensativo y nervioso. Luego de un rato me hace una pregunta: «Me gustaría que fueras mi novia, pero todavía no se lo puedo decir a mi familia ni a la iglesia, porque es mucha responsabilidad decírselo a todos. Seamos novios y no digamos nada todavía. ¿Aceptas?».

Yo entiendo que el amor es una decisión, y hoy decido amarte por siempre. respondí: «Yo también decido amarte»

En otras palabras, Daniel me estaba pidiendo que fuéramos novios en secreto durante un tiempo, y yo obviamente respondí: «No, gracias. Yo no tengo prisa Daniel. El día que tú estés dispuesto a presentarme ante tus papás, iglesia y amigos formalmente, ese día te contestaré, pero mientras tanto, yo me siento muy cómoda en ser solo amigos».

Honestamente no me enojé por su propuesta, aunque me tomó por sorpresa. Entendí la gran responsabilidad y presión que Daniel tenía frente a todo el mundo. Pero realmente no tenía ninguna prisa, sabía que lo que estábamos haciendo era puro y bueno. Decidí cuidar la relación.

Daniel

Sin pretender justificarme, no quería ocultar a Shari, estaba seguro de ella y de lo que sentía, y no tenía duda de que Dios me había hablado, pero honestamente mi temor más grande era cómo anunciar a mis padres que ya quería ser novio de Shari. Solo llevábamos unos meses conociéndonos.

Para mí era muy importante la opinión de ellos y yo lo tomaba con mucha seriedad. Desde pequeños, a mis hermanos y a mí nos dedicaron al Señor y prometieron cuidarnos hasta el día que nos casáramos. Mis papás anhelaban lo mejor para mí, pero también sabían discernir lo que no nos convenía. Yo quería su aprobación.

Cuando era más joven e inmaduro, y sin involucrar a Dios en el proceso, recuerdo en una ocasión que intenté presentarles una chica y no la aceptaron porque ellos sentían que no era la indicada. En ese momento me molesté y no lo entendía, pero ahora, al mirar hacia atrás, no saben cuánto agradezco su sabiduría y tener unos padres conectados a Dios. ¡Pero esta vez era muy diferente!

Tenía que tomar el tiempo para pensar cómo les diría algo tan importante y que al mismo tiempo lo vieran tan seriamente como yo lo estaba viviendo. Estaba seguro de que Shari era la mujer con la que quería pasar el resto de mi vida.

Para mi sorpresa, la respuesta de Shari acerca de mi propuesta me dejó pensando: «¡Cómo puede ser que me haya dicho que no!». Pero me ayudó a confrontar mi temor y a luchar por lo que amaba, así que tomé valor.

SIEMPRE VALE EL ESFUERZO DE INVOLUCRAR A DIOS EN EL PROCESO

A la mañana siguiente, mi mamá se levantó a hacer los quehaceres, y aunque mi papá estaba de viaje, yo decidí hablar con ella y decirle: «Mamá, quiero decirte que le pedí a Shari que sea mi novia. Sé que ella es la mujer que Dios tiene para mi vida». Mi mamá se quedó en silencio por unos segundos. Y me dijo: «Hijo, te veo tan serio con este tema y con Shari, que yo siento que Dios te puso a la persona correcta».

¡El escucharla dio un tremendo alivio a mi alma! Sus palabras desataron una hermosa y extensa conversación esa mañana entre ella y yo. No solo me dio su bendición, sino que también me expresó lo que esperaba de la relación y me aconsejó sobre los límites y reglas que debíamos seguir para beneficio de la relación entre Shari y yo. Mi mamá no lo hacía por desconfianza, sino porque quería cuidar de nosotros. Sus consejos sirvieron de parámetros saludables para nosotros.

También se comprometió a transmitirle a mi papá lo que habíamos conversado esa mañana y su sentir al respecto, aunque a mí me tocaría también tener una conversación con mi papá cuando regresara de su viaje.

¡Valió el esfuerzo! Involucrar a Dios en el proceso, hacer el ayuno, escribir los diarios, escuchar la voz de Dios, darle importancia a cada detalle que leíamos, escribíamos o leíamos. Valió el esfuerzo haber honrado y respetado a Shari; hablar con nuestros padres y el no haber hecho nada en secreto.

Esa mañana, al terminar de hablar con mi mamá, lleno de mucha alegría y emoción llamé a Shari para contarle todo lo ocurrido. Me emocionaba saber que podría anunciar a los cuatro vientos y sin temor que Shari era mi novia. Shari se alegró mucho y me dijo que también estaba feliz de saber que sería mi novia. En la conversación también la cité con su mamá para que nos reuniéramos esa noche a cenar porque formalmente quería pedirle su bendición a su mamá y a sus hermanas.

A partir de ese día comenzamos a enamorarnos aún más el uno del otro. Los días que nos veíamos nuestras miradas de amor hablaban por sí solas, sentíamos esas famosas mariposas en el estómago cada vez que estábamos a unos minutos de encontrarnos en algún lugar para comer y conversar, la bendición de caminar tomados de la mano públicamente era un gran honor para mí y me hacia el hombre mas dichoso del mundo.

El DISEÑO SIGUE TOMANDO FORMA

Shari

¡Finalmente era su novia! ¡Qué felicidad! Por primera vez nos tomábamos de la mano para caminar, y como mujer al fin comencé a soñar con un futuro. Daniel desde el principio fue muy romántico y tierno conmigo; sus palabras y sus acciones derretían mi corazón.

Sin embargo, debo reconocer que nuestro noviazgo no fue uno tradicional. Mientras novios regulares salen al cine, de paseo o comer; nosotros dedicábamos muchas horas a hablar temas profundos, leer libros; y la iglesia y sus compromisos tomaron un rol importante en nuestra relación.

Desde el principio de nuestro noviazgo, Daniel siempre me involucró en todos sus compromisos ministeriales. Encontramos en común que a ambos nos gustaba trabajar en las cosas del Señor.

En la iglesia de Daniel comenzamos un ministerio que se llamaba Uvas Vid, que era un ministerio para los jóvenes. Así que juntos comenzamos a ministrar. Nos asombró ver la gracia que Dios nos regaló para trabajar con los jóvenes.

Poco a poco decidí unirme a la iglesia de Daniel para juntos seguir construyendo el diseño que Dios nos estaba dando. Mi pastor nos acompañó en el cambio, y para los jóvenes de mi iglesia, lo ocurrido en aquel campamento con la Biblia voladora, quedó como una anécdota maravillosa.

Daniel

El pastor de Shari, Junior Velez, siempre apoyó nuestro noviazgo y su pensamiento era: «Este es un regalo de Dios para Shari». Cada vez que me ve, me abraza y me dice jocosamente: «Te llevaste a Shari: pero estoy feliz por lo que Dios ha hecho con ustedes y me alegra haberles dado la bendición».

Shari

Dios, en Su bondad, me asombró desde el principio y permitió que comenzara a aflorar en mí los talentos y dones que no habían sido desarrollados en su potencial. Siempre he tenido una mente creativa, me gusta organizar, crear y enseñar.

Por su parte, Daniel nunca me hizo sentir que no pertenecía a ese espacio, sino que me decía: «Este es tu lugar conmigo. Juntos vamos a crecer». Daniel nunca fue egoísta. Nunca dijo que el llamado de Dios era solo para él, Daniel tenía en claro que el llamado era sobre la familia que Dios le entregara. Una vez que identificó que yo era la persona, fue muy sencillo confiar plenamente en mí, en lo que era y lo que Dios había depositado sobre mi vida.

LA BENDICIÓN DE SABER ESPERAR

Daniel tenía en claro que el llamado era sobre la familia que Dios le entregara

Daniel

Aunque ya éramos novios formalmente, todavía no teníamos el permiso para manejarnos solos. Necesitábamos chaperones que nos acompañaran. La obediencia al cuidado de los padres hacia nosotros en este proceso del noviazgo fue vital. Lucas dos, habla que Jesús en su niñez y juventud vivió sometido bajo la autoridad y guía de sus padres. Es asombroso saber que siendo Jesús el Hijo de Dios, lleno de toda gloria y poder, se despojó de todo y se humilló en obediencia a sus padres. Si Jesús lo hizo, es suficiente para nosotros también hacerlo.

Seguramente se preguntaran si pasamos por el proceso de la tentación… ¡Claro que sí! Como toda pareja pasamos ese proceso. Así que decidimos poner reglas de prevención y protección. Por ejemplo, no estar solos en sitios oscuros, no estar en el automóvil solos. Los contactos físicos era muy cuidadosos y limitados, todo porque reconocíamos que nos amábamos y esto lo hacía aún más difícil.

Por lo tanto tuvimos que subir aún más los límites y extremar nuestras reglas de prevención. Gracias a estas reglas el Señor nos ayudó a esperar hasta el matrimonio. Todos pasamos las mismas tentaciones, la diferencia está en poner los límites y reconocer que no somos superhéroes y que necesitamos reglas. En eso tanto Daniel como yo tratamos de ser muy cuidadosos.

Es muy importante aclarar que Dios nos hizo seres sexuales a ti y a mí. Así nos creó. No hay nada de malo en esto. Pero su plan original fue diseñar el sexo como un regalo de pacto para el matrimonio entre un hombre y una mujer; como un sello divino de bendición para siempre; y Dios bendice este diseño.

Dios no trata de hacernos la vida difícil durante las etapas de amistad y noviazgo, ¡todo lo contrario! Él sabe que todo tiene su tiempo, y como el sexo es un regalo de pacto para el matrimonio, así lo son otras cosas de parte de Dios para la etapa de la amistad y la etapa del noviazgo. Nosotros debemos entender que en el diseño divino de Dios, todo tiene su tiempo.

¿QUÉ PASA SI ME SALÍ DEL DISEÑO ORIGINAL DE DIOS?

Shari

Si te preguntas esto, primero, debo afirmar en tu corazón que Dios te ama y está con su mano extendida dispuesto a guiarte a su plan original. Por esa razón mostró Su gran amor y gracia al enviar a Su Hijo Jesús a la cruz, para restaurar todas las cosas que Él diseñó, incluyendo el matrimonio. Realmente toda la solución está en volver al diseño original con la ayuda de nuestro Señor y Salvador Jesucristo.

No vuelvas atrás a tratar de resolver lo que ya no se puede; habla con Dios y pídele perdón por tus errores, ríndete a su voluntad; y sencillamente desde el punto en donde te encuentras vuelve al carril correcto y sigue avanzando. El propósito de Dios nunca ha sido vivir señalándote y haciéndote sentir culpable; todo lo contrario, Él desea que te acerques a Él para amarte y restaurarte.

Porque yo soy el SEÑOR tu Dios, que sostiene tu diestra, que te dice: ``No temas, yo te ayudaré".

(Isaías 41:13)

Quien encubre su pecado jamás prospera; quien lo confiesa y lo deja, halla perdón.

(Proverbios 28:13)

CAMINO AL MATRIMONIO

Daniel

En medio de aquellas largas charlas comenzamos a hablar acerca del matrimonio. Fue un tiempo muy emocionante. Realmente era muy seria nuestra responsabilidad de prepararnos para el matrimonio. Pero tenía una preocupación, sentía que estaba saturado de muchas actividades, como la alabanza, los jóvenes, la universidad, el equipo de fútbol, los estudios… y debía hacer tiempo para prepararme para el matrimonio.

Pero el tiempo no me daba, así que busqué consejo en alguien que pudiese ser objetivo. Nos topamos con el Dr. Otero, un pastor amigo de la familia. Me aconsejó que para comenzar a construir un matrimonio era necesario invertir tiempo y esfuerzo. Esto fue uno de los mejores consejos que he recibido.

El activismo ministerial me consumía todo el tiempo y no había momento de edificar para nosotros. Fue muy sabio de parte del doctor darnos esa recomendación. Así que hablé con cada uno de los responsables de las áreas donde participaba y delegué responsabilidades.

Esto se transformó en una gran bendición ya que nuevos líderes juveniles se levantaron para cada una de las áreas. Y así fue que nos dedicamos varios meses a trabajar para nuestro futuro, nuestra familia.

Shari

Esa decisión fue muy significativa para mí, porque esos pequeños pasos se vieron reflejados en el futuro. Hoy siento la tranquilidad y la convicción de que en la vida de Daniel, la familia es una prioridad. Cuando Daniel tomó la decisión me dio mucha seguridad acerca de lo que venía. Sabía que él siempre iba a poner nuestra familia en primer lugar.

Aun sabía que si tuviera que poner la agenda en espera para construir en nosotros, lo haría. Eso trajo mucha seguridad para mi vida. Debes saber que en todo aquello que inviertas energía, dinero, esfuerzo y tiempo, ahí está tu corazón. Entonces supe que el corazón de Daniel estaba enfocado en nosotros como familia.

Consejos para reflexionar

- *El amor es una trascendental decisión, acompañada por acciones que hablan.*

- *No pierdas tiempo. Ten conversaciones profundas.*

- *No hagas nada en secreto, Cuenta con la bendición de tus padres.*

- *Cada etapa tiene su tiempo.*

- *Si aún estás de novio, pon reglas de prevención, protección y límites.*

- *Dios está lleno de amor, gracia y restauración para ti.*

- *Si estás de novio, prepárate para el matrimonio. Siéntate a considerar tu vida y planea para el futuro.*

- *Busca un líder espiritual que sea consejero para tu noviazgo en esos primeros pasos. Luego podrá acompañarte durante los años venideros.*

- *¿Cómo están ordenadas tus prioridades?*

Notas

DISEÑA Y CONSTRUYE UNA NUEVA GENERACIÓN

Shari

Como cristianos sabemos que la decisión más importante y de más largo alcance, porque es eterna, es la de aceptar a Jesús como el único Salvador de nuestra vida. Pero la segunda decisión más importante, es la de casarse y no se debe tomar livianamente, porque trae consecuencias permanentes. Es un hecho que la decisión de casarse es una de las más significativas en la vida, incluso en nuestra sociedad moderna.

Habíamos tomado la segunda decisión más importante de nuestra vida, y necesitábamos saber cuál era la fecha correcta para casarnos. Esta duda despertaba nuestra oración. Individualmente orábamos cada día al respecto. Un día, mientras estaba estudiando la Palabra, Dios me habla: *«El día primero del mes séptimo celebrarás una fiesta solemne, y nadie realizará ningún tipo de trabajo. Ese día se anunciará con toque de trompetas»* (Números 29:1). ¡Este texto me llamó tanto la atención! Lo leía y releía.

Entonces sentí de parte de Dios que esa era la fecha para mi boda: el primero de julio. Aunque tenía en claro que las fechas de este texto corresponden al calendario judío, lo apliqué al calendario gregoriano. Al revisar el almanaque noté que ese día caería sábado. Aunque fue profunda la convicción, lo guardé en mi corazón, no me atrevía a decirlo. No quería que nadie pensara que quería acelerar el proceso, ni siquiera se lo dije a Daniel.

Había un sitio de retiro donde Daniel muchas veces separaba tiempo para orar allí. Durante esos mismos días, Daniel tomaría un tiempo a solas con Dios a orar, buscar su guía y dirección. Al finalizar ese retiro, me llamó mientras yo estaba manejando, y me dijo:

—Shari, necesito hablar contigo.

—Dime mi amor, —respondí.

—¿Tú estás manejando? Por favor, sal de la carretera y detén el automóvil.

Sus palabras me preocuparon. Así que rápidamente me detuve a un costado del camino.

—El Señor me habló muy claramente. Me dijo cuándo debe ser nuestra boda, —agregó Daniel muy entusiasmado.

En el momento pensé: «¿Y si no es la misma fecha?». Tuve duda en mi corazón.

Daniel dijo:

—Dios me dijo que nuestra boda será el primero de julio de este año. A través de un pasaje en la Biblia que decía: *«Habla a los hijos de Israel y diles: En el mes séptimo, al primero del mes tendréis día de reposo, una conmemoración al son de trompetas, y una santa convocación»* (Levítico 23:24).

¡Imagina mi emoción! Comencé a llorar con gemidos sin palabras. Era volver a confirmar que Dios estaba en medio de nuestra relación.

Sé que cada historia es diferente y que Dios hace cosas sobrenaturales de manera diferente. Pero para nuestra vida esta temporada era muy importante. El Señor quería ser específico con respecto a lo que estábamos construyendo.

Esa fue la forma en la que Dios trató con nosotros. A partir de estas vivencias comenzamos a experimentar a Dios de una manera diferente. Ya no era el Dios de mamá y papá, sino el Dios de Daniel y Shari. Comenzamos a escuchar su voz y a escuchar lo que Él quería para nuestra vida. Así fue que pusimos fecha de boda: primero de julio del 2000.

Daniel

En nuestro caminar hacia el matrimonio podemos considerar algunos puntos clave que fueron determinantes en nuestro futuro. El primero fue haber hablado con el Dr. Otero y buscar su consejo o guía. El segundo fue haber buscado de parte de Dios la fecha correcta para nuestra boda.

Y en tercer lugar fue habernos sentado frente a dos hojas en blanco a escribir pautas necesarias para el matrimonio. De esas dos hojas en blanco hablaremos a continuación.

CONSTRUYENDO UNA NUEVA GENERACIÓN

Shari

Cuando comenzamos a planear nuestro casamiento comenzamos a leer un libro que se llama *Prepárense para el Matrimonio* por Jerry D. Hardin y Dianne C. Slone. En una parte explica que es necesario sentarse a hablar de las generaciones anteriores de cada uno de los novios. Entonces tomamos dos hojas en blanco y comenzamos a escribir sobre nuestras generaciones pasadas, tanto lo bueno como lo malo. Y comenzamos a escribir lo que nuestros antepasados generacionales habían vivido.

Desde ese momento comenzamos a hablar de crear y formar una nueva generación. Lo que tal vez para otras generaciones había funcionado, no significaba que para nosotros iba a funcionar. Sabíamos que éramos una nueva generación y que Dios quería depositar y construir algo nuevo en nuestra vida, y la única forma de hacerlo era estar dispuestos a crearlo.

Así fue que comenzamos a escribir aquellas cosas malas de la familia, aun aquellas que nos avergonzaban, luego nos poníamos a hablar al respecto. Queríamos estar en claro. Nos casaríamos sin secretos entre nosotros. Yo quería conocer todo de Daniel y de su familia, y él de mí y mi familia. Hubo cosas que nos asombraron y que necesitamos hablar. Pero puedo asegurarte que hablamos de todo esto antes del matrimonio.

Daniel

¿Recuerdan que cada temporada tiene un nombre? Nuestra amistad comenzó con un nombre: «Amistad Águila», que luego se convirtió en "Amor Águila". Luego Dios nos siguió hablando del «barco», y dirigiéndonos hacia dónde íbamos, un puerto seguro. Después fue la «casa», su diseño, aquello que íbamos a construir. Y ahora la temporada era: «Construyendo una nueva generación»

DIOS TIENE EL MEJOR PLAN PARA TU VIDA

Shari

Si estás leyendo este libro y te estás preparando para casarte, debes saber que el noviazgo es un tiempo de diseño y construcción, es un tiempo en el que Dios te da en tus manos herramientas y estrategias para ver las cosas como Él las ve, para construir un antes y un después. El Señor nos dice: «*Pero ustedes son linaje escogido, real sacerdocio, nación santa, pueblo que pertenece a Dios, para que proclamen las obras maravillosas de aquel que los llamó de las tinieblas a su luz admirable»* (1 Pedro 2:9).

También dice: *«Porque yo sé muy bien los planes que tengo para ustedes —afirma el SEÑOR —, planes de bienestar y no de calamidad, a fin de darles un futuro y una esperanza»* (Jeremías 29:11). Dios tiene planes para nuestra vida, Él necesita constructores, necesita gente que, al igual que Nehemías, estén dispuestos a reconstruir esas murallas caídas.

Nadie llega perfecto al matrimonio, todos venimos con áreas que han sido lastimadas, dañadas, destruidas, con murallas rotas. Todos llegamos al matrimonio con alguna necesidad, incompletos. Aunque hoy día se enseña que debemos de estar completos para llegar al matrimonio, nuestro caso no fue así. Honestamente pienso que este término "completos" es delicado.

Creo que hoy día los jóvenes son tan independientes que no ven la necesidad de familia, y eso es muy peligroso. Muchos dicen ¿para qué casarme si estoy feliz solo? Creo firmemente que solo Dios puede llenar nuestros vacíos, que solo Él puede completar nuestras incapacidades. Pero también estoy convencida de que nos casamos con una necesidad, y es la de vivir en una relación.

Génesis 2:18(RVR1960) dice: *Y dijo Jehová Dios: No es bueno que el hombre esté solo; le haré ayuda idónea para él.*

El experimentar el amor del Padre a través de una familia es un don de Dios. Más adelante hablaremos sobre esto con detalle. Así que, aunque en nuestra vida había ruinas antiguas, estábamos dispuestos a construir una nueva generación. Y así lo comenzamos a hacer.

Daniel

A través de Su Palabra, Dios te muestra cómo ve al matrimonio y cuánto lo ama. La manera que Dios ve al matrimonio no es una opción, es «la manera». Dios creó el matrimonio y no quiere que nadie lo ayude a moldear lo que Él creó, ni quitarle ni agregarle. Quienes obedecen lo que Dios ya creó, obtienen los beneficios. Ya hay un plan, un diseño, un mapa, pero necesita constructores.

Creo firmemente que solo Dios puede llenar nuestros vacíos, y que solo Él puede completar nuestras incapacidades

HOMBRES Y MUJERES VALIENTES, DISPUESTOS A RECONSTRUIR

Así que puse a la gente por familias, con sus espadas, arcos y lanzas, detrás de las murallas, en los lugares más vulnerables y desguarnecidos. Luego de examinar la situación, me levanté y dije a los nobles y gobernantes, y al resto del pueblo: «¡No les tengan miedo! Acuérdense del Señor, que es grande y temible, y peleen por sus hermanos, por sus hijos e hijas, y por sus esposas y sus hogares».

Nehemías 4:13-14

Shari

Nehemías vio la ciudad asolada y le dolió. A muchos nos duele ver de dónde venimos, lo que nuestras generaciones han construido y que luego se ha venido abajo. Así como Nehemías, debemos ser parte de la creación de lo nuevo. El Señor está buscando constructores.

Nehemías primero observó y vio cuáles eran las partes desguarnecidas, las que estaban débiles, y puso a la gente a trabajar en familia y les dijo que no tuvieran miedo, que peleen por sus hijos, hijas esposas y hogares. Si piensas que tu matrimonio está en ruinas, el Señor te llama a que te levantes y restaures las áreas rotas, destruidas, las que deben ser reedificadas. El Señor nos está llamando a luchar por nuestros matrimonios, nuestras familias y por nuestra generación.

Una vez que nuestros enemigos se dieron cuenta de que conocíamos sus intenciones y de que Dios había frustrado sus planes, todos regresamos a la muralla, cada uno a su trabajo. A partir de aquel día la mitad de mi gente trabajaba en la obra, mientras la otra mitad permanecía armada con lanzas, escudos, arcos y corazas. Los jefes estaban pendientes de toda la gente de Judá. Tanto los que reconstruían la muralla como los que acarreaban los materiales no descuidaban ni la obra ni la defensa.

Nehemías 4:15-17

Tuve la oportunidad de viajar a Israel, y mientras estábamos caminando por la ciudad vimos pasar a un grupo de niñas hermosas, delicadas, con sus cabellos largos, parecían como bailarinas de ballet, pero ellas estaban vestidas de milicia con metralletas en sus manos.

Pregunté por qué tan jovencitas estaban en la milicia, y la respuesta fue: «Es que acá, cuando completas la escuela secundaria, todos tienen que prestar tres años de servicio, porque Israel siempre está bajo ataque y necesitamos preparar a nuestro pueblo. Aun las mujeres que son adultas, madres, si se llegara a desatar una guerra, todas ellas saben pelear por su hogar».

Cuando escuché eso, me ministró. Comencé a preguntarme si estamos preparando una generación para pelear por su casa. Aunque nuestra lucha no es contra carne ni sangre sino contra potestades y huestes de maldad. ¿Estamos listos para pelear? ¿Estamos dispuestos a reconstruir? Necesitamos hombres y mujeres valientes, dispuestos a reconstruir.

Así comenzamos a revisar lo que habíamos escrito. Nos asustamos, pero empezamos a orar y a cerrar las puertas espirituales a todas las áreas que estaban en debilidad. Hablamos acerca de cómo queríamos formar una nueva generación. Entonces decidimos qué parte de los planes futuros sería una lista de conductas que aceptaríamos para cumplir durante el matrimonio.

Daniel

Esa lista de nuestras generaciones pasadas fue muy importante para nosotros, porque nos confrontó a ver con sinceridad y a discutir cada uno de los puntos que habíamos escrito. Cuando te enamoras de alguien, primero muestras la mejor cara, lo «adornado». Pero para nosotros, en esa etapa de noviazgo fue bueno hablar de lo feo, de lo «no adornado». Era necesario pasar ese capítulo en ese momento, y no después. También la lista de las bendiciones de nuestras generaciones nos ayudó a ver con qué contábamos para trabajar juntos.

Esa tarde, en aquella universidad donde nos encontramos a conversar, oramos para iniciar una nueva generación con esas herramientas de bendición que teníamos de ambas familias, más lo nuevo que Dios nos iba a dar. También hablamos de que no solo haríamos las cosas a la manera de Daniel ni a la de Shari, no las haríamos como nos las enseñaron, sino como Dios nos las mostraría.

¿QUÉ TRAES DE TUS ANTERIORES GENERACIONES?

Shari

La Palabra dice que debemos conocer las artimañas del enemigo para poder estar alertas y destruirlas. Y para ello necesitamos saber qué afectó las generaciones anteriores. Esta lista nos ayudó a cortar y romper espiritualmente con las maldiciones y pecados familiares que nos perseguían de generación en generación. Puedes estar seguro que esas mismas cosas van a querer tocar a tu puerta, en tu generación. Pero si no estás listo y eres precavido, no sabrás cómo prepararte y actuar.

Si crees que porque tienes un automóvil nuevo no crees necesario llevar una llanta de repuesto, es muy probable que podría afectarte más adelante. Si porque eres cristiano, no vas a resolver las cosas porque crees no te va a pasar nada, es un error. Esa es una manera muy arriesgada de llevar la vida.

Bien sabes que hay posibilidades de que la carretera esté dañada, y puedes tener problemas con una llanta; por lo tanto debes tener con qué enfrentar esa situación. Dios es mas poderoso que cualquier plan del enemigo, pero Sabemos que las armas del enemigo quieren tocar a tu puerta. Es por eso necesario hablar y cerrar las puertas a las cosas que afectaron a otras generaciones.

Debemos conocer las artimañas del enemigo para poder estar alertas y destruirlas

Daniel

Cuando escribimos esa lista lo hicimos pensando en la historia familiar y en aquellas cosas que afectaron negativamente. Quiero aclarar que no porque alguien de nuestros antepasados haya experimentado algo muy feo, nosotros tenemos que pagar la consecuencia de su pecado. Pero sí creo que cuando examinamos y ponemos sobre la mesa para que la luz de Jesus brille sobre eso, nos hace conscientes de que tenemos que ser activos y firmes en no repetir lo mismo.

Es normal sentir temor a no querer confrontar esas áreas negativas; lo que no es normal es dejar que esas áreas nos gobiernen, nos molesten durante toda la vida y sea un obstáculo ante lo nuevo que Dios te está entregando.

Una vez que identificamos cada una de ellas, sencillamente oramos en el nombre de Jesús. Nos arrepentimos de cada uno de los pecados, expusimos a la luz maldiciones familiares y personales, y decidimos voluntariamente y con conocimiento no repetir más eso. Le pedimos a Dios que nos ayude a dar comienzo a la construcción de una nueva generación. Esa oración fue clave porque cerró la lista.

Nosotros no tenemos el poder para producir cambio, pero Jesús sí; es por eso que Dios envió a Jesús a la cruz, para que a través de Su poder haga lo que nunca nosotros pudimos. Lo que sí estamos en la capacidad de hacer es tomar la "decisión" de arrepentirnos y abrirle nuestras puertas a Jesús para que con Su poder cambie nuestra historia.

Es bueno aclarar que en la cruz, Jesús venció de una vez y para siempre todo lo que está aquí, en el siguiente listado. Le quitó todo poder sobre nosotros para que experimentáramos libertad y nos podamos acercar al Padre confiadamente.

Para que lo entiendas mejor: Jesús conquistó la casa y las llaves que abre la puerta, y ahora nos dio acceso para que nosotros limpiemos el polvo y la adornemos con todo lo bueno que Él nos ofrece de Su presencia.

A continuación presentaremos un ejemplo de una sencilla lista de puertas de maldiciones, esto te ayudará a organizar tu propia lista junto a tu pareja, y así te ayudará a orar, cerrar esas puertas y a decidir caminar bajo bendiciones en tu vida matrimonial y familiar.

Gálatas 5:19 habla de las obras de la carne y nos menciona las siguientes:

• *Inmoralidad sexual*	• *Pleitos*
• *Adulterio*	• *Celos*
• *Fornicación*	• *Arrebatos de Ira*
• *Inmundicia*	• *Contiendas*
• *Lascivia*	• *Divisiones*
• *Idolatría*	• *Envidias*
• *Brujería*	• *Homicidios*
• *Enemistades*	• *Borracheras*
	• *Orgías*

Revisen cada uno la historia de la familia e identifiquen aquella herencia que merece ser erradicada de sus vidas...

- *Manipulación*
- *Pornografía*
- *Maledicencia*
- *Aspereza*
- *Chisme / cizaña*
- *Mala administración de la economía*
- *Divorcio*
- *Alcoholismo*
- *Infidelidad*
- *Mentira*
- *Depresión, ansiedad*
- *Maltrato físico / emocional*
- *Temor*

- *Adicciones: drogas / pastillas / cigarrillo*
- *Machismo / feminismo*
- *Orgullo*
- *Enfermedades mentales*
- *Falta de comunicación*
- *Falta de afectividad*
- *Abandono*
- *Problemas criminales/ delictivos*
- *Temor a resolver conflictos*
- *Inseguridades*
- *Rencor / resentimiento*
- *Falta de perdón*

Luego de haber identificado aquellos patrones negativos, oren de todo corazón al Señor. Guíense con esta oración:

Amado Dios, te entrego mi vida, mi casa, mi matrimonio y familia. Deseo crear una nueva generación en ti. Gracias por todas las herramientas que a través de tu Palabra nos das para construir. Rindo mi vida y mi matrimonio a ti. Espíritu Santo, te pido que traigas a memoria cualquier área que esté en desorden en mi vida y que tu luz alumbre y produzca cambios. En el nombre de Jesús, Amén.

Consejos para reflexionar

- *Casarse es la segunda decisión más importante. Tu Salvación es la primera.*

- *Busca una hoja en blanco y siéntate con tu cónyuge a escribir un listado de bendiciones que vienen de ambas familias y que ustedes desean traer a su matrimonio. También realicen una lista de las áreas que han producido daño y han lastimado, que vienen de ambas familias y no desean traer a su matrimonio.*

- *Decide ser un constructor/a de tu futuro.*

- *Si tu matrimonio está en ruinas, debes pedirle a Jesús que te ayude a realizar un plan para reconstruirlo.*

- *Revisa junto a tu cónyuge lo que ambos escribieron y conversen cada punto. Analícenlo. Hablen al respecto. La idea es construir no destruir. Esta es parte de su historia.*

- *Oren juntos en el Nombre de Jesús y cierren cada puerta de maldición.*

Notas

REGLAS DE CONVIVENCIA Y HERRAMIENTAS DE AMOR

Shari

A lo largo de toda la Biblia podemos encontrar grandes proyectos que fueron dirigidos por Dios. El Señor daba directrices, medidas, tamaño, materiales, todo lo necesario para que la construcción sea como Él deseaba. El Señor es un Dios de orden, de detalles, y se encargó de dejar los detalles y especificaciones en claro.

Asimismo, creo que la construcción de una familia necesita instrucciones claras y específicas. Es por eso que junto con Daniel entendimos que era necesario establecer algunas reglas de cómo íbamos a dirigir nuestra relación para que fuera exitosa.

El Señor honra el esfuerzo de nuestras manos. En la Palabra se habla del buen mayordomo, y es necesario saber cómo vamos a administrar

Quienes creemos en Cristo, lo tenemos como modelo, y admiramos e imitamos Su carácter

la relación que Dios nos está entregando en nuestras manos. (Lucas 12:42-44).

Daniel

Todo deporte y toda institución tienen reglas pero… ¿Por qué necesitamos las reglas? Hay muchas respuestas que podemos dar, pero una de ellas es que los seres humanos somos seres emocionales, y cada uno llega al matrimonio con distintos tipos de carácter y emociones. El matrimonio se presta mucho para probar tu carácter y saber cómo reaccionas a distintos aspectos de la vida.

Por ejemplo, ¿cómo reaccionas cuando no hay lo que necesitas o cuando sí lo tienes a la mano? ¿Cómo reaccionas cuando estás enojado, cuando hay conflicto, diferencias, y aun cuando estás feliz? El matrimonio es el taller donde vemos cómo es nuestra reacción ante las distintas circunstancias.

Quienes creemos en Cristo, lo tenemos como modelo, y admiramos e imitamos Su carácter. En el Nuevo Testamento los discípulos se encargaron de absorber todo lo que vivieron con Jesús, para luego plasmarlo en cartas y transmitirlo a nosotros, los cristianos, para que podamos reflejar el carácter de Cristo.

Como seres emocionales necesitamos saber cuáles son los límites, para no traspasarlos y respetar al cónyuge. Y así lo hicimos desde un principio. Agradecemos todos los consejos que recibimos y definitivamente a la guía del Espíritu Santo en nuestro corazón.

Una regla no se hace para manipularla o quebrantarla, sino para cumplirla tal cual y como está. Eso me ayudó mucho en particular para establecer un diseño totalmente nuevo entre nosotros. Ese fundamento fue tan fuerte que aun hoy nos sostiene en nuestra relación.

CREANDO NUESTRAS REGLAS

Shari

Así fue que el 2 de diciembre de 1999, cuando estábamos a punto de comprometernos, nos sentamos a escribir las reglas matrimoniales que hasta el día de hoy todavía respetamos.

Daniel clasificó ese listado por áreas: Espiritual, Emocional, Académica, Física. Comenzaba con un cuestionario que ayudaba a conocernos más, y luego examinábamos cada área por individual.

Aunque jóvenes, inocentes e inexpertos, Dios estaba haciendo algo muy grande. Buscando en nuestros recuerdos encontramos nuestras listas que todavía conservamos y queremos compartir con ustedes. Ahora que las leo puedo comprender el valor de lo que estábamos experimentando en ese tiempo. Tal vez en ese momento que éramos tan jóvenes no lo sabíamos, o no lo entendíamos a su totalidad, pero ahora comprendo que son principios de vida que nos han acompañado durante muchos años, y que realmente funcionan.

Daniel

El Señor nos enseñó a llenar nuestro tiempo siempre juntos. ¡Teníamos tanto de qué hablar! Me siento tan alegre de que Dios haya puesto estas ideas en nuestro corazón. Hemos visto el buen resultado.

Shari y yo tenemos un baúl de recuerdos en nuestra casa. Allí conservamos cada detalle que nos regalamos el uno al otro desde el principio de nuestra relación: cartitas hecha a mano, notitas, tarjetas, hojas de flores secas, servilletas escritas; aun los resultados de embarazos de cada uno de nuestros niños. Pero dentro de ese baúl también conservamos tres notas que hicimos, muy valiosas para nosotros porque ayudaron a darle sentido, guía y propósito a nuestra relación.

Fueron escritas a mano y a continuación queremos compartirlas con ustedes tal cual las escribimos. Antes que las lean, tenemos que recalcarles que fueron escritas en el año 1999; para ese entonces, Shari y yo teníamos las mejores intenciones, queríamos que todo saliera muy bien, teníamos un corazón puro, inocente y a su vez ignorábamos cómo funcionaban algunas cosas.

Lo menciono porque cuando lo leas no pretendemos imponerle esto a nadie como un reglamento a seguir, ya que esto fue una experiencia personal para nosotros. Y aunque creo que en estos escritos hay detalles aplicables para todos, no debe ser todo aplicado tal cual está, porque hay algunas cosas -como por ejemplo, dentro de nuestro "organigrama semanal"- que ni nosotros mismos pudimos llevarlo a cabo tal cual nos propusimos.

Esto ocurrió por factor tiempo, compromisos inesperados en la semana o porque eran muchas asignaciones nuevas a la vez, y algunas de ellas podían ser fáciles de olvidar; pero pueden ver a dos jóvenes tratando de construir lo mejor que podían, con corazones dispuestos a que Dios fuera el centro. Sin embargo, esto creó un hábito de organización y de construcción que con el tiempo maduró.

2 de diciembre de 1999

Cuestionario para conocerse, Organigrama Semanal y Reglas en Nuestro Amor .

CUESTIONARIO PARA CONOCERNOS MÁS

1. ¿Cuál es tu canción favorita?

2. ¿Cuál es tu poema favorito?

3. ¿Cuál es tu juego favorito?

4. ¿Cuál es tu película favorita?

5. ¿Cuál es tu color favorito?

6. ¿Cuál es tu comida favorita?

7. ¿Cuál es tu hora del día favorita?

8. ¿Cuál es la frase que más te ha gustado?

9. ¿Qué es lo que más anhelas para tu futuro?

10. ¿Qué es lo que más te molesta?

11. ¿Cuándo te sientes rechazado(a)?

12. ¿Qué te hace sentir una persona dominante?

13. ¿Qué te hace más feliz?

14. Cuando estoy solo(a) me siento…

15. Me rebelo cuando…

16. La emoción que me da más trabajo controlar es…

17. ¿Un sueño?

18. Mi punto débil es…

19. Me siento celoso cuando…

20. Yo amo más…

21. Me da vergüenza…

22. Me da miedo…

23. Lo que más tristeza me ha ocasionado

24. Este ejercicio es…

REGLAS EN NUESTRO AMOR

• Todo lo resolveremos como pareja, enfrentando la situación.

• Antes de tomar una decisión la consultaremos como pareja.

• La categoría de la relación que Dios nos ha dado y llevaremos es: «Amor Águila».

• Confirmaremos todas las cosas como pareja antes de tomar conclusiones personales.

• No aceptaremos ningún temor o mentira del maligno. La rechazaremos en el nombre de Jesucristo, Amén.

• Tomaremos la responsabilidad de nuestras decisiones buenas en Dios.

• Cuando nos sintamos disgustados con nosotros mismos u otra situación, nos echaremos en los brazos del otro como pareja y tomados juntos de la mano, Shari y Daniel, resolveremos la situación.

• Actuaremos siempre en rectitud, verdad y justicia, contando siempre con la misericordia de Dios, aun cuando la situación sea muy difícil. «En Dios todo lo podemos».

- Nuestros conflictos los resolveremos entre Dios, tú y yo. De no poder resolver el conflicto, nos comprometemos a buscar consejeros.

- Cada cierto tiempo revisaremos nuestro corazón y nos perdonaremos. Esto es saludable en Dios.

- Cada cierto tiempo nos haremos la pregunta: ¿Cómo te puedo ayudar a crecer más?

- El mundo contra nosotros, nosotros contra el mundo.

- Nunca nos gritaremos ni tiraremos una puerta cuando estemos enojados.

- No nos burlaremos ni nos criticaremos públicamente.

- Cuando estemos enojados, permaneceremos en silencio y nos tomaremos las manos hasta que se nos pase.

- Nunca nos acostaremos molestos.

- Nunca nos faltaremos el respeto.

« Si Jehová no edificare la casa, en vano trabajan los que la edifican»

(Salmos 127:1 RVR1960)

«Todo lo podemos en Cristo que nos fortalece»

(Filipenses 4:13)

¡LA IMPORTANCIA DE LAS REGLAS!

Esas reglas fueron base para nosotros y en momentos difíciles y de enojo, el Espíritu Santo nos ayudaba a recordarlas. Hasta el día de hoy nos ha ayudado a mantener una relación de amor, respeto y honra.

No nos gloriamos por haber hecho estas listas. No somos tan sabios o inteligentes. Entendemos y reconocemos que fuimos sensibles al Espíritu Santo, y que el Señor mismo puso estas reglas en nuestros corazones que funcionaron para nosotros.

Podemos reconocer que tal vez no son las reglas que otro matrimonio necesita, pero tal vez el Espíritu Santo los dirija a escribir reglas conforme a su necesidad, de dónde ustedes vienen y cómo fueron criados. Es muy importante que el Señor sea el que edifique nuestra casa y que tomemos de Su corazón las medidas exactas y los materiales con los que vamos a construir.

Siempre pensamos que no repetiremos acciones y actitudes o formas de resolver conflictos que vimos creciendo, pero cuando llega el momento difícil reaccionamos justo como hemos aprendido, porque está en nuestro inconsciente.

Pero cuando escribes reglas y decides vivir una vida sujeta al carácter de Jesús, funciona. Cada vez que entre Daniel y yo había una diferencia y me veía tentada a discutir o a levantar la voz, recordaba las reglas que habíamos escrito, y no lo hacía.

Quiero invitarte a que tomes estas reglas y que le agregues las tuyas propias. Si estás comenzando o si ya hace tiempo que están casados y algunas de estas reglas las ves aplicables a tu relación, entonces te invito a adoptarlas y a comprometerte a cumplirlas.

Daniel

Estas reglas fueron muy importantes para ayudarnos a actuar en momentos de crisis o tensión. Esta lista nos ayudó en la construcción de nuestra vida juntos. A mí me dio límites de cómo tratar a Shari. Las escribimos al principio de nuestro noviazgo, justo a tiempo.

ES MUY IMPORTANTE QUE TOMES EN CUENTA QUE...

Requerirá de mucha humildad para poder quebrantar el orgullo y darse cuenta que no es ridículo lo que están haciendo, sino que será de bendición para su matrimonio. Es muy necesario que antes de hacerlo, oren a Dios, y si necesitan un intermediario, busquen a un consejero que los ayude en el momento de discutir algo. Porque cuando ambos comienzan a hablarlo, si no tienen un corazón correcto de amor, puede traer discusiones.

A través de este libro vas a identificar áreas, situaciones y actitudes que no son buenas para tu matrimonio, pero al mismo tiempo Dios te está presentando las herramientas para cambiarlo y mejorarlo. Quien nos hace ser un mejor esposo o una mejor esposa, es Dios, y vivir rendidos a Él. Nuestra naturaleza es ser orgullosos, prepotentes, altivos, egoístas; es allí donde nuestra carne nos domina.

Si desean resolver sus conflictos matrimoniales es importante entender que el primer paso es estar en paz con Dios, y eso se logra al recibir a Jesús como Señor y Salvador. Tener a Jesús en el corazón hace que el individuo esté más sensible a través del Espíritu Santo para que se produzcan cambios. En un capítulo más adelante abundaremos más.

CONSTRUYENDO SUEÑOS

Daniel

Aunque habíamos hablado mucho de nuestros planes para el matrimonio, no había comprometido oficialmente a Shari. Así que preparé un día especial para hacerlo. Fue un domingo en la mañana, en nuestra Iglesia, durante la reunión. Mandé a preparar para Shari una corona de flores blancas y amarillas que le coloque en su cabeza durante el compromiso.

Ella lucía mas hermosa y radiante que nunca. Estaba sentada y yo arrodillado frente a ella mientras le pedía que se casara conmigo. Le mostraba un hermoso anillo de compromiso color plata. El anillo estaba dentro de una pequeña cajita que estaba encima de una Biblia blanca, que también le regalé expresándole que nuestra relación comenzó y seguiría para siempre basada en la Palabra de Dios. Esa Biblia ademas era un recordatorio de cómo nos conocimos... ¡la biblia voladora!

La iglesia estaba llena de personas siendo parte de este momento tierno y especial; la mayoría de ellos tomaban fotos, y al igual que nosotros estaban emocionados ya que también eran testigos de nuestros comienzos. En la plataforma nos acompañaron varios familiares; nuestros hermanos, algunas tías de Shari, mis padres, la mamá de Shari, y una sorpresa especial fue el papá de Shari, quien viajó de los Estados Unidos a Puerto Rico para acompañarnos ese inolvidable 30 de Enero de 2000.

Habíamos decidido casarnos en una iglesia de un pueblo de Puerto Rico. El fin de semana de nuestro casamiento se inauguraba. Tenía un ventanal de cristal enorme, con vista a las montañas, era algo muy hermoso.

Recuerdo que uno de los periódicos locales hizo un anuncio con la foto de la iglesia, diciendo que la iban a inaugurar. Al verla supe que ese era el lugar. Arranqué la foto del periódico, la pegué en una pared de mi habitación y cada día oraba por que fuera ese el lugar de nuestra boda.

No solo fue impresionante escuchar cuando nos declararon esposos para siempre, sino también el saber que contábamos con la bendición de Dios

Pensábamos que era imposible al ser nueva, pero como los pastores de esa iglesia eran buenos amigos de mis padres, les fuimos a preguntar... ¡y para nuestra sorpresa accedieron! Esta noticia nos emocionó en gran manera.

FINALMENTE, ¡LLEGÓ EL GRAN DÍA!

1 de julio de 2000. ¡Día que ambos esperábamos con mucho anhelo! La boda fue maravillosa, especial y única. Fue una boda sencilla pero inolvidable. Hicimos lo mejor con el presupuesto limitado que teníamos, pero cada detalle fue hermoso. Shari lucía hermosa con su traje blanco de novia, como toda una princesa.

Uno de los momentos más hermosos que jamás olvidaré fue estar en el altar mirando hacia esas verdosas montañas a través de aquel gran vitral, y simultáneamente escuchar a la gente aplaudir mientras veían a Shari desfilar por el medio de la Iglesia. Shari lloraba de felicidad mientras caminaba hacia el altar. Eso llenó a la gente de ternura y por eso aplaudían.

Todo lo que mis oídos escuchaban en ese momento aparte de los aplausos era la dulce melodía de un saxofón. Mi corazón palpitaba aceleradamente y lo hacía mas intenso por el hecho de que yo no estaba de frente viéndola desfilar sino de espalda esperando hasta que ella llegara al altar.

No suelo llorar mucho, pero ese día, cuando sentí que Shari ya estaba a unos pasos, rompí en llantos de felicidad; y por fin cuando giré y la vi, en cuestión de segundos pasaron por mi mente imágenes desde el primer día que la conocí hasta ese momento que la veía vestida de novia.

No solo fue impresionante escuchar cuando nos declararon esposos para siempre, sino también el hecho de saber que contábamos con la bendición de Dios, y que ese día era uno de los más importantes dentro de lo que Él había diseñado para nosotros.

Shari

Recuerdo la noche antes de la boda. Me detuve en la puerta de mi habitación mirando todo vacío ya que habíamos usado parte de mi juego de cuarto para el nuevo lugar en donde viviríamos Daniel y yo. Así que me dirigí a la sala de mi casa y me recosté en el mueble, no podía dormir y solo pensaba: «Esta es mi última noche viviendo con mi familia, mañana comienza una nueva temporada».

¡Todo parecía un sueño! Siempre me preguntan si sentía nervios o temor a lo nuevo ese día. Honestamente no. Todo ese bagaje que contenía, temores, frustraciones, dudas, inseguridades, temor al fracaso, al porvenir, lo había entregado al Señor en mi proceso de prepararme para el matrimonio ¡y valió el esfuerzo!

Cuando caminaba hacia el altar, vi a Daniel parado de espalda. ¡Estaba tan emocionada, tan lista, tan deseosa de comenzar una nueva vida junto a Daniel! Cada paso, mientras escuchaba la melodía del saxofón, era como si estuviese en mi mente corriendo una carrera y por fin podía ver la meta frente a mí. Ya dejaba atrás el pasado y escuchaba a Dios mismo celebrarme diciendo: «¡Lo lograste! ¡Triunfaste!».

NUESTROS INICIOS EN EL MATRIMONIO

Aunque no teníamos el dinero para comprar nuestra propia casa, tuvimos la provisión para alquilar nuestro primer apartamento. A veces escucho personas que dicen: «Yo me caso cuando tenga casa propia». Respetamos esa manera de pensar, pero no fue nuestro caso. Sabíamos desde el principio que no nos quedaríamos en la misma temporada toda una vida, sino que avanzaríamos.

Vivimos durante un año en ese primer pequeño apartamento, nuestro "nidito de color blanco". Luego alquilamos una casa, y así fuimos creciendo con la ayuda del Señor. Mi corazón se sentía pleno, aun en la forma sencilla en que vivíamos. Me sentía agradecida, contenta con el Señor y poco a poco fuimos viendo el crecimiento de lo que Dios estaba haciendo.

Al comienzo del matrimonio, yo trabajaba en el aeropuerto para una línea aérea y Daniel trabajaba para un sitio de Internet. Era un cibercafé que daba permiso al alquiler de computadoras. En ese mismo tiempo el Señor empezó a trabajar con nosotros y comenzamos a realizar allí mismo noches de bohemia. Daniel tocaba la guitarra, cantaba.

Las bohemias era los sábados en la noche en un sitio muy turístico de San Juan, Puerto Rico, en un sector llamado Isla Verde. Así comenzó a llegar gente de todos lugares. Comenzamos con 10 jóvenes y luego hubieron noches que llegaban más de 150 jóvenes. Iniciábamos a las diez de la noche y participaban personas que quizá nunca hubieran entrado a una iglesia.

El sitio era muy juvenil y estaba adornado con luces de neón; había café, batidos, Internet, la gente se sentaba a escuchar mientras Daniel tocaba su guitarra y cantaba, y luego compartía una palabra. Muchas personas entregaron su vida a Jesús en aquel cibercafé.

Todavía hay días en que vamos caminando por algún lugar y se nos acercan personas que nos dicen: «Yo era parte de las bohemias que ustedes hacían en aquel café», o «yo entregué mi vida a Jesús allí». Siempre viviremos agradecidos con el Señor por esa temporada llamada

"Tiempos de bohemias". Bohemia significa: «libre y no convencional» y exactamente así fue esa etapa para nosotros.

El Señor nos permitió trabajar juntos sirviéndole. Todo ese primer año de matrimonio estuvimos enfocados en ese ministerio que el Señor nos entregó y de ahí hubo mucho fruto. Había pasión en nuestros corazones por las almas, por trabajar juntos, por ministrar, tener tiempos de adoración. Fue una temporada hermosa. Disfrutábamos al ver cómo iba creciendo nuestro matrimonio y también el ministerio juntos.

Consejos para reflexionar

- *El Señor ha diseñado un plan para tu vida.*

- *Busca directivas claras de parte de Dios de cómo construir tu noviazgo o matrimonio.*

- *Eres mayordomo de lo que Dios te dio para administrar, eso incluye la familia.*

- *Saca tiempo para evaluar las cuatro áreas: Espiritual, Emocional, Académica y Física.*

- *Evalúa la lista de reglas y adáptalas de acuerdo con tu relación, y vivencias personales y familiares.*

- *Pídele al Espíritu Santo que te guíe a armar tus propias reglas matrimoniales.*

- *Escribe un pequeño recuento de los comienzos de tu historia de amor, reconoce y dale gracias a Dios por la manera en que estuvo presente en cada etapa.*

Notas

EL ENOJO...
¿ME MANEJA O LO MANEJO?

«Atacar a otra persona es como lanzar cactus con las manos sin ninguna protección; la otra persona saldrá herida, pero usted también».

Paul Hauck.

Shari

Al mirar atrás, en nuestra historia, hemos tenido diferencias, cambios de opinión y hemos estado en desacuerdos en muchas ocasiones, hemos sentido coraje y hasta frustraciones, pero nada que haya roto los parámetros de línea. Nunca hemos experimentado ese tipo de dinámica. Me refiero a esas discusiones en las que las parejas se agreden física o verbalmente como resultado del enojo.

Daniel

Al escribir este libro pudimos descubrir que las reglas que escribimos fueron tan fuertes en Dios, que se convirtieron en nuestro método preventivo para situaciones adversas.

Shari

Esas reglas no nos permitieron hacer del enojo una actitud diaria. En el pasado yo resolvía los conflictos de manera muy diferente, sin embargo estas reglas me ayudaron a estar más preparada a enfrentarme al conflicto. Nuevamente aclaro: la regla por sí sola no tiene poder, y como seres imperfectos necesitamos recordarnos una y otra vez nuestros límites y reconocer que somos débiles.

Daniel

El enojo es un sentimiento de ira, de enfado, te molestas o disgustas por algo. Al buscar la definición de ira encontré el término muy relacionado al deseo de venganza, ya que la ira lleva a una mala acción con la intención de hacerle daño al otro.

«Si se enojan, no pequen. No dejen que el sol se ponga estando aún enojados, ni den cabida al diablo» (Efesios 4:26-27). En la versión Reina Valera el mismo versículo dice lo siguiente: *«Airaos, pero no pequéis; no se ponga el sol sobre vuestro enojo, ni deis lugar al diablo».* La Biblia hace dos referencias al mismo tema: enojo e ira. Si pensamos en el enojo, es algo bastante común, pero si pensamos en la ira, la palabra suena con más violencia en nuestros oídos.

Desde el inicio, con Shari tomamos la iniciativa de sentarnos a resolver, confrontar y a hablar temas para evitar que el conflicto se hiciera más grande de lo que era. Siempre tendrás la oportunidad y decisión de quebrar toda situación antes de que se salga de control. La Biblia da permiso para enojarte, pero no te da permiso para pecar hiriendo verbal, emocional o físicamente a tu cónyuge.

MANEJANDO CONFLICTOS DE LA MANERA CORRECTA

Shari

Como seres humanos tenemos la capacidad de manejar el conflicto basados en lo que aprendimos durante nuestra crianza y operar en nuestra carne. Yo no sabía resolver conflictos de una manera saludable, es por eso que me asombra que después de tantos años de casada busco en mi memoria algún episodio nocivo que haya pasado entre Daniel y yo, y gracias a Dios no lo encuentro. Reconozco la poderosa mano de Dios en nuestras vidas. Dios nos ha enseñado a construir una relación de honra mutua.

Daniel

Todos aprendemos a resolver conflictos de maneras distintas. La pregunta es: ¿Lo hacemos de la manera correcta? Shari aprendió a resolver conflictos de forma confrontativa, hablando inmediatamente bajo el efecto del enojo. Eso hacía que el conflicto se convirtiera tenso. Por mi parte, yo resolvía los conflictos pero tampoco era de la manera correcta, porque lo hacía quedándome callado, sin hablarlo ni enfrentarlo. No me gustaban las confrontaciones.

Siempre tendrás la oportunidad y decisión de quebrar toda situación antes de que se salga de control

Éramos dos polos opuestos en la forma de resolver las situaciones conflictivas.

En mi casa, cuando había diferencias, dejábamos que bajara la tensión, nos callábamos y después, si nos acordábamos, lo hablábamos, pero si no nos acordábamos, mejor, porque quería decir que ya pasó. Tiempo después, esa situación saltaba en otra circunstancia y nos dábamos cuenta que habían quedado cosas sin resolver y se habían acumulado resentimientos en el corazón.

Shari

El Espíritu Santo nos está enseñando a ser equilibrados. Ningún extremo es bueno. La confrontación bajo ira no es buena, como tampoco lo es la pasividad. El Señor nos da permiso para tener enojo, de esa manera nos damos cuenta de que hay algo que no nos gusta. Pero ese permiso se acaba cuando pecamos. Gritar no es pecado, sin embargo produce intimidación, y luego puede derivar en la manipulación. Golpear una puerta no es pecado, pero pone de manifiesto la falta de control y de dominio propio. Quedarse callado no es pecado pero sí lo es acumular resentimientos.

«El necio da rienda suelta a su ira, pero el sabio sabe dominarla» (Proverbios 29:11).

Como hijos de Dios tenemos dos opciones: somos necios y le damos rienda suelta al enojo, o lo dominamos. Todos vamos a sentir y a experimentar enojo. Pero si somos sabios tenemos que saber cómo dominarlo, aunque no es una capacidad de nuestra carne sino del poder del Espíritu Santo en nuestra vida y de alimentarnos de Su Palabra. Esa es la única manera de ponerle freno y dominio al enojo.

LA PALABRA COMO HERRAMIENTA PERFECTA

Daniel

Proverbios 15:1 es uno de esos ejemplos del que Shari está hablando. *"La blanda respuesta calma la ira"*. Para mí, en particular, este pasaje se ha convertido en un filtro en el momento del enojo.

El enojo es el sentimiento correcto que le dice a nuestro sistema que estamos reaccionando normalmente a la incomodidad. Sin embargo el desafío de dominarlo es un constante aprendizaje y La Palabra es la herramienta correcta para ayudarnos.

Una buena idea es buscar citas bíblicas referente al enojo e imprimirlas. Ten esta lista en un lugar visible y de tu preferencia, de manera que puedas irlas memorizando. Oro para que el Espíritu Santo te las recuerde cada vez que lo necesites.

Shari

El Señor nos pide que *«no se ponga el sol sobre nuestro enojo»*, ¡pero cuánta gente se va a dormir enojada, y un copo de nieve se vuelve una gran avalancha! Como matrimonio nos hemos disciplinado a trabajar el copito de nieve para evitar avalanchas. Si tenemos que trabajar diez copitos de nieve al día, los tratamos de trabajar. Con esto les estoy diciendo que no es que no tengamos diferencias y enojos, sino que nos detenemos a resolverlos.

Cuando Dios nos dice que resolvamos todo antes de que se ponga el sol, nos da la oportunidad de hacerlo diariamente. Nos está diciendo: «Hijo / Hija, te amo tanto, y sé qué es lo mejor para ti. Aunque tal vez pienses que quedarte callado, gritar o airarte es la solución, te doy permiso para molestarte, pero no para pecar. Resuelve el conflicto antes de que llegue la noche». Esto significa invertir el tiempo en resolver en vez de ofender.

TERMOSTATO O TERMÓMETRO, ¡TÚ DECIDES!

«Ninguna palabra corrompida salga de vuestra boca, sino la que sea buena para la necesaria edificación, a fin de dar gracia a los oyentes» (Efesios 4:29 RVR60).

Esta Palabra me ministra. A las mujeres, Dios nos ha dado la responsabilidad de edificar nuestro hogar. ¿Bajo qué atmósfera o ambiente quieres construir tu hogar? Tenemos dos opciones: o somos termostato o somos termómetro. El termómetro fue diseñado para leer la temperatura y marcarla, pero no produce ningún tipo de cambio.

El termostato fue diseñado para cambiar la temperatura de un lugar. Yo he decidido no ser un termómetro que solo se adapta a la temperatura de un lugar, ¡yo soy un termostato! Soy cambiadora de ambiente. Cuando siento que el ambiente de mi hogar está en una "temperatura" no muy cómoda, hago lo que sea para provocar que cambie la atmósfera. ¿Cómo? Alegrando el ambiente, repartiendo besos y abrazos, poniendo música que calme nuestro espíritu y nos acerque al padre, en fin... lo que sea para no dejar que esa atmósfera se mantenga negativa.

El Señor nos ha llamado a edificar lo que está a nuestro alrededor con palabras de sabiduría. Tengo que ser muy medida con mis palabras porque reconozco que cada palabra que sale de mis labios provocarán algo. ¿Qué quiero que mis palabras produzca? ¿Qué atmósfera o "temperatura" quiero en mi casa?

«Y no contristéis al Espíritu Santo de Dios, con el cual fuisteis sellados para el día de la redención. Quítense de vosotros toda amargura, enojo, ira, gritería y maledicencia, y toda malicia» (Efesios 4:30-31 RVR60).

Mujer, te animo a ser sabia, a ver a tu familia a través de los ojos del Padre. No permitas que el bagaje del pasado siga dirigiendo tus emociones. Efesios 4:22-24 nos da una orden y dice:

El Señor nos ha llamado a edificar lo que está a nuestro alrededor con palabras de sabiduría

"Con respecto a la vida que antes llevaban, se les enseñó que deben quitarse el ropaje de la vieja naturaleza, la cual está corrompida por los deseos engañosos; ser renovados en la actitud de su mente; y ponerse el ropaje de la nueva naturaleza, creada a imagen de Dios, en verdadera justicia y santidad".

Esto significa que es una acción que te toca a ti. Decide hoy quitarte ese ropaje viejo. Pídele al Padre que te ayude, y no tengo duda que así Él lo hará.

«Antes sed benignos unos con otros, misericordiosos, perdonándoos unos a otros, como Dios también os perdonó a vosotros en Cristo» (Efesios 4:32 RVR60).

¡Qué gran enseñanza nos da el Señor acerca de cómo resolver el conflicto!

Cuando reconocemos que somos seres perdonados, se nos hace más fácil demostrar misericordia y perdón.

MÁS Y MÁS SABIDURÍA PARA ESOS MOMENTOS DIFÍCILES

Daniel

Permítanme alcanzarles algunos versículos que pueden ayudarlos muchísimo en momentos en que la ira empiece a brotar:

En Colosenses 3:8 (RVR1960) dice: «*Pero ahora dejad también vosotros todas estas cosas: ira, enojo, malicia, blasfemia, palabras deshonestas de vuestra boca*».

«*Mis queridos hermanos, tengan presente esto: Todos deben estar listos para escuchar, y ser lentos para hablar y para enojarse; pues la ira humana no produce la vida justa que Dios quiere*».

Santiago 1:19-20

Este mismo versículo, pero en versión La Biblia de las Américas (LBLA), dice:

{Esto} sabéis, mis amados hermanos. Pero que cada uno sea pronto para oír, tardo para hablar, tardo para la ira.

Proverbios 15:18 (LBLA)

El hombre irascible suscita riñas, pero el lento para la ira apacigua contiendas.

Proverbios 16:32 (LBLA)

Mejor es el lento para la ira que el poderoso, y el que domina su espíritu que el que toma una ciudad.

Proverbios 19:11 (LBLA)

La discreción del hombre le hace lento para la ira, y su gloria es pasar por alto una ofensa.

Dios mismo expresa la forma en cómo Él reacciona ante la ira, a través de varios pasajes bíblicos:

Salmos 103:8 (RVR1960)

Misericordioso y clemente es Jehová; Lento para la ira, y grande en misericordia.

Éxodo 34:6

«El Señor, el Señor, Dios clemente y compasivo, lento para la ira y grande en amor y fidelidad»

TRES PUNTOS CLAVE PARA ENFRENTAR EL ENOJO

¡Qué Padre maravilloso tenemos! Aprendamos de Él: lento para la ira y grande en amor y fidelidad. Si tu preocupación es saber cómo manejar el enojo y la ira, queremos enseñarte cuatro puntos que estamos seguros te ayudarán:

1.   **Aprende a decir: «Estoy enojado/a»**

Hay muchas culturas, en especial la latina, donde te enteras que están enojados por cómo reaccionan, pero nunca porque te lo dijeron. Lo primero que ves es la reacción antes que la conversación. No somos capaces de decir: «Estoy enojado».

Dentro del matrimonio aprendimos a expresar cómo nos sentíamos. Entiendo que si la Palabra nos da permiso para enojarnos, tenemos que ser responsables de hacerle saber a nuestro cónyuge que lo estamos.

Y el hablar alivia el alma porque la desahoga.

Shari

«*No te dejes llevar por el enojo que solo abriga el corazón del necio*» (Eclesiastés 7:9). No dejarnos llevar por el enojo significa ponerle un límite. Mejor di: «Estoy enojado», antes de que comiences a transitar el camino del enojo.

> No dejarnos llevar por el enojo significa ponerle un límite

Salmos 37:8

«*Refrena tu enojo, abandona la ira; no te irrites, pues esto conduce al mal*».

Es necesario hablar del enojo para poner límites, no permitas que se abrigue en tu corazón.

Daniel

El capítulo tres del libro de Santiago agrega lo siguiente: «*Así también la lengua es un miembro muy pequeño del cuerpo, pero hace alarde de grandes hazañas. ¡Imagínense qué gran bosque se incendia con tan pequeña chispa! También la lengua es un fuego, un mundo de maldad. Siendo uno de nuestros órganos, contamina todo el cuerpo y, encendida por el infierno, prende a su vez fuego a todo el curso de la vida*» (vv 5-6).

Yo pienso siete veces en cómo hablarle a Shari cuando estoy enojado. Porque si llegara a decir algo negativo que me lleve a perderla emocionalmente, para mí es muy difícil, aunque sea un par de horas, siento que me falta el oxígeno. Todo hombre necesita estar consciente de que no debe perder a su mujer emocionalmente.

Tanto el hombre como la mujer puede usar la lengua para bien o para mal. Debemos saber que cuando se provoca un conflicto entre dos personas, está el Espíritu Santo esperando que uses su fruto, pero también el enemigo, que quiere que tu carne reaccióne. Porque la Palabra dice: *«Practiquen el dominio propio y manténganse alerta. Su enemigo el diablo ronda como león rugiente, buscando a quién devorar»* (1 Pedro 5:8).

Shari

El enemigo está dando vueltas alrededor del conflicto y la discusión, desea ver quién va a operar. Si opera el Espíritu Santo, el enemigo tiene que huir; pero tan pronto comenzamos a operar en la carne y abrir esas puertas, le damos permiso para entrar. Por eso es tan importante usar los principios que conocemos y mantener un lugar de armonía. Todos tenemos conflictos a diario, pero son esas pequeñas zorras, que si no las sacamos y no trabajamos en ellas diariamente para mantener nuestros corazones saludables, pronto serán de destrucción.

Daniel hablaba de «ser cuidadoso con las palabras para no perderme como esposa emocionalmente». ¡Qué gran consejo para el hombre! Sin embargo la mujer también debe poner de su parte para ser de bendición y edificación para su esposo. El hombre detesta una mujer rencillosa, peleona. No lo digo yo, la Biblia en el libro de Proverbios lo dice. ¡Nosotras tenemos la capacidad de edificar!

Si hay algo que al hombre le agrada, más que todo lo físico, es cómo se siente cuando llega a su casa. Porque: *«Gotera continua en tiempo de lluvia, y la mujer rencillosa, son semejantes»* (Proverbios 27:15 RVR1960). La mujer rencillosa es como una gota constante que produce cansancio. El texto de Proverbios 18:21 dice: *«En la lengua hay poder de vida y muerte; quienes la aman comerán de su fruto»*. ¿Qué está saliendo de tus labios? ¿Vida o muerte? ¿Qué fruto quieres comer? La lengua es muy poderosa y creo que es tiempo de que nos hagamos responsables de cada palabra que sale de nuestros labios.

Daniel

Siempre he pensado que la persona que ha llegado a ser ofensor o rencilloso es porque nunca han aprendido a conversar su enojo. Y esa conversación comienza con una sencilla frase: "Estoy enojado". Dios es poderoso para cambiar cada actitud y moldear tus labios. Ríndete a su amor.

2.   Aprende a decir: Vamos a conversar

Otra de las cosas que he aprendido es a conversar lo que amerita ser resuelto en ese momento. ¡Eso era muy difícil para mí! Yo operaba como «venda adhesiva protectora», o lo que también llaman «curita» para las heridas. Quería cubrirlas, pero no sanarlas. Yo entendía que con tan solo ponerle una venda a la situación, era suficiente.

Si opera el Espíritu Santo, el enemigo tiene que huir

Quizá eso significaba quedarme en silencio, y de esa manera entendía que estaba resolviendo las cosas, y me di cuenta que no, que debía sentarme y conversar al respecto. En cambio, a Shari le gusta resolver conflictos, sentarse y «deshuesar» el tema.

Cuando Shari le dice a alguno de los niños: «Dime la verdad de esto». Mi consejo para ellos es: «Este es el momento para decir la verdad porque tu mamá va a llegar al fondo de esto y te va a descubrir». Ella tiene la capacidad de resolver estos temas.

Shari

Para Daniel y para mí, ha sido bueno tener caracteres diferentes porque nos hemos ayudado (limado) el uno al otro. Ningún carácter es malo para el Señor. Él nos creó tal y como somos. Considero que tengo un carácter firme, pero antes de entregarme totalmente a Dios cuestionaba mi forma de ser. Pero luego entendí que todo carácter sujeto al Espíritu Santo es la esencia original de cómo Dios te creó. Tristemente estamos de forma constante operando el carácter sujeto a la carne, y creemos que ese es el carácter que Dios nos dio, pero no es así. Él nos creó como somos, pero con la visión de estar sujetos al Espíritu.

¡Cuántas veces converso con mujeres que tienen esposos pasivos, que se encierran! Un carácter no confrontador no significa que es mejor que el confrontador si guarda rencor en su corazón con tal de mantener la paz. Un carácter confrontador no es mejor que el más pasivo si habla fuera de tiempo con palabras ofensivas. Ninguno de los dos extremos son buenos, y sin la influencia del Espíritu Santo se descontrolan. Sin duda, el Espíritu Santo a través de la Palabra es quien le da el balance a nuestro carácter.

Daniel

Estudios revelan que las mujeres hablan más rápido que los hombres. Hablan entre 25 000 y 32 000 palabras por día, tres veces más que los hombres. Mientras que el hombre habla aproximadamente 13 000 palabras por día. Todo esto se debe a lo diferente que operan ambos cerebros y la inundación de químicos en el cerebro de la mujer según el Dr. Luan Brizendine.

Para el hombre, si existiera cuatro palabras en su vocabulario, alcanzaría para satisfacer sus necesidades básicas: «sí», «no», «sexo», «comer» (de hecho, y como una nota que luego puedes seguir estudiando por tu cuenta, el mismo estudio revela que el hombre puede pensar cada 52 segundos en sexo mientras que la mujer una vez al día). ¡Impresionante! ¡Con solo estas palabras cubre todas sus necesidades!

Menciono esto porque es una de las razones que da cabida al enojo si no es manejado correctamente. A la mujer le irrita saber que el hombre en lugar de resolver un problema, lo único que en la mayoría de las veces contesta es: «Sí» o «No». La mujer, por su parte, necesita hablar del problema.

El Espíritu Santo a través de la Palabra es quien le da el balance a nuestro carácter

Creo que el problema surge cuando esperamos que nuestro cónyuge reaccione ante las situaciones al igual que nosotros. No vamos a poder cambiar ambos sistemas. Tanto el del hombre como el de la mujer ya está diseñado; pero sí podemos convertirnos en expertos en cómo nuestro cónyuge piensa, y ponernos en sus zapatos siendo sensibles a su necesidad. Esto es valorar y validar los sentimientos del otro, y un gran paso para resolver conflictos.

Proverbios 16:24

«Panal de miel son las palabras amables: endulzan la vida y dan salud al cuerpo»

Cada cónyuge debe saber que escuchar al otro hablar de un problema, no es un permiso para herirlo o acusarlo cuando se abre a hablar. Esa es una de las razones por la que algunos hombres no hablan de los problemas, porque saben que la mujer, por su capacidad de ver mucho más rápido las cosas, pueden llegar a una conclusión pronta, señalar y acusar. A los hombres no les gusta eso.

Cuanto más sencillo para nosotros, es mejor. La mayoría de las veces, cuando la mujer te pregunta algo, es porque ya sabe la respuesta o sabe cómo vamos a reaccionar a eso. Pienso que la mujer es bendecida al tener a su favor 25 000 palabras para hablar por día. A mi entender, esto quiere decir que tiene suficientes palabras para ayudar a cada uno de los miembros de la familia en sus distintas circunstancias.

Doy gracias a Dios por Shari, porque ha decidido estar sujeta al Espíritu Santo y ha sabido tomar toda información que yo le comparto y la maneja de una manera sabia.

Un tiempo atrás Shari y yo aprendimos algo que nos ha bendecido mucho y es el término "Zona Segura". Cuando en nuestra relación uno de nosotros usamos este término, el mensaje que le estamos enviando al otro es: «Te hablaré de mis debilidades, estaré vulnerable y necesito que no me juzgues sino que me muestres gracia y misericordia, y por favor no uses lo que te diré en mi contra, ni ahora, ni en un futuro".

¡No saben como la "Zona Segura" ha bendecido y hecho más saludable nuestra relación!

Es bueno aclarar que la "Zona Segura" es un término a usarse para situaciones comunes y normales de la vida diaria matrimonial. No es para situaciones de carácter que ponga al otro cónyuge en peligro o aquellas situaciones que ameriten ayuda, psicológica, psiquiátrica, pastoral o intervención de las autoridades judiciales. Asi que... ¡a hablar!

3. Aprender a «no suponer»

Daniel

Aunque Shari y yo somos uno, siempre tengo que preguntarle cuál es su opinión acerca de las cosas. Aprendí esa lección. A veces, mientras más pasan los años, más te vuelves uno con tu cónyuge, lo conoces sin que hable, y hasta algunas veces se nos hace fácil saber qué está pensando. Pero es necesario preguntar: «Amor, ¿qué opinas de esto?». A mí me costaba hacer esa pregunta. Pero tuve que aprender a hacerla.

La opinión de tu esposa es importante y viene a completarte. Siempre he pensado que hay una mitad de Dios en Shari y otra mitad de Dios en mí, para que ambos nos necesitemos. Yo busco en Shari la mitad de Dios que no tengo en mí, y viceversa. Cuando entendemos que Dios puso algo en mi pareja, que yo no tengo, y viceversa, hay ese sentido no solamente de respeto, sino de pensar que: «estoy casado con un pedacito de Dios y que merece respeto y valoración».

«Estoy casado con alguien que sabe opinar de nuestra economía y nuestra casa, y sabe opinar de las decisiones que tengo que tomar en el negocio y en cómo criar a nuestros hijos». Puedes entender que no lo sabes todo, por lo tanto, no supongas, comienza a preguntar y prepárate a escuchar una opinión diferente a la tuya.

Cada vez que Shari opina, hace nuestros proyectos mejores y más grandes.

Shari

Llevándolo específicamente a la mujer, ese «suponer» es constante. Tendemos a definir y a ponerle nombre o título a cómo el esposo se siente. Entonces decimos: «Lo que te ocurre es esto...» o «eso me lo dijiste por tal cosa...». Al principio creía que la forma de resolver un conflicto era decirle lo que él estaba haciendo y ponerle nombre a las situaciones. Aprendí a no suponer y a cambiar mi vocabulario.

Así fue que comencé a decir: «La impresión que a mí me da es...» o «la forma en que yo lo estoy percibiendo es... ¿Estoy en lo correcto?». Antes yo le ponía título a cada situación, a cada emoción de Daniel, y eso le hacía daño, porque probablemente todo lo que estaba pasando por su corazón era totalmente distinto.

No supongas por él. El hecho de que seamos uno no significa que tenemos un solo cerebro, sino que vamos a seguir siendo una carne, pero cada uno va a tener ideas diferentes de cómo ven una situación. En el matrimonio, el opinar diferente no es estar en contra, es ver que una situación tiene múltiples soluciones. Es darse la oportunidad de validar la opinión del otro y buscar como pareja y con objetividad la mejor solución que beneficie en común acuerdo a los dos.

Daniel

Mujer, un hombre no quiere que su esposa hable por él, sino que lo escuche y lo ayude a resolver aún las cosas que no entiende de sí mismo. Ya es un milagro que hagas hablar a un hombre, entonces cuidado con no dañar su corazón.

Shari

Creo que el matrimonio es el único ministerio que confronta nuestro carácter. Porque como hijos podemos encerrarnos en el cuarto. En cambio, en nuestro lugar de trabajo, cuando llega la hora de irte, si ya no quieres saber más de un jefe difícil, te vas a tu casa y no piensas más. ¡Pero eso no es posible con la esposa o el esposo! Ese es el único lugar donde no puedes huir.

La opinión de tu esposa es importante y viene a completarte

Necesitas confrontar esa área de tu carácter para resolver el conflicto. Qué bueno que Dios crea este ambiente, el hogar, para poder fortalecer estas áreas, de manera que cuando lleguen los hijos, que son personalidades diferentes, también tendrás que aprender a enfrentar nuevas personalidades. ¡Qué bueno que el Señor nos da esta oportunidad para crecer!

Daniel

Mi consejo para los matrimonios es: amen las diferencias. Estas no son armas para destruir, sino herramientas para construir y fortalecer las debilidades de tu cónyuge. No pretendamos ser iguales, somos diferentes. Por eso nos completamos.

Shari

Daniel me ayuda a bajar las revoluciones, a ver la vida desde otra perspectiva. He visto tantas veces su buen testimonio, que cuando no está y debo resolver un conflicto, pienso en cómo resolvería Daniel esta situación. Sin querer las dos personalidades comienzan a fusionarse y fundirse.

Daniel

El suponer, aunque sé que es un pensamiento pequeño y sencillo, ha sido un factor de enojo que produce grandes conflictos en muchos matrimonios.

A medida que va pasando el matrimonio, hay cosas que he descubierto personalmente, como hombre, y que no sabía. Y una parte de esos aprendizajes se los debo a Shari. Dios me ha bendecido a través de ella, su sabiduría y su forma de emprender proyectos tanto familiares como ministeriales, me ha bendecido enormemente.

¡Y también es impresionante lo detallista que es Shari! Esa cualidad ha bendecido nuestra casa y ha mantenido nuestro matrimonio saludable emocionalmente. Por ejemplo, ella implementó la idea que en casa se anunciaran los cumpleaños con antelación, y eso ha sido de bendición para nosotros en el matrimonio.

Ese detalle es muy importante porque reconozco que causa un sinnúmero de problemas en muchos matrimonios. Hay hombres que luchan con recordar la fecha de su aniversario de bodas o el cumpleaños de su cónyuge.

Shari

¡Y cuántas mujeres están heridas por eso! «Es que no puedo creer que se haya olvidado de nuestro aniversario», dicen con tristeza. Pero la naturaleza de muchos hombres no es ser detallista, porque su lenguaje de amor tal vez es diferente.

Entonces nosotros, para evitar ese proceso de quedarnos callados esperando que el otro se acuerde, empezamos a celebrar dos o tres meses antes diciendo en un tono tierno y alegre: «Hey, ya viene mi cumpleaños». Entonces comenzamos a preparar los corazones para lo que vamos a hacer en un día especial.

Le recomiendo a las esposas que anuncien su cumpleaños y las fechas importantes de antemano, y lo que va a crear eso es un ambiente de tranquilidad.

No supongas que su lenguaje de amor es el mismo que el tuyo, o que él debe de saber cómo te gusta ser amada. Evita el conflicto de manera sabia. Si para mí son importantes las flores, no tengo ningún problema en decirle a Daniel con amor: «Yo amo las flores, y hace tiempo que no me traes una». Pero si me quedo con ese vacío, esa necesidad, y me siento a esperar el momento en que él la va a llenar, voy a ser una mujer muy herida y lastimada.

Siempre he tenido la libertad de decirle a Daniel cuál es mi necesidad, porque las necesidades también cambian. Al principio del matrimonio tenía determinadas necesidades, pero en esta etapa las necesidades son otras, y yo no tengo ningún problema en comunicárselas porque es para nuestro bien. No me gusta suponer que él debe saber específicamente lo que necesito.

Si quiero tener un corazón sano y saludable, y no tener expectativas falsas de algunas situaciones, debo tener la libertad de decirlo. Y una vez que le di a mi esposo la información de algo que llena mi corazón, entonces él dirá: «¡Ahh, ya hace tiempo que no le llevo flores a mi esposa!», o quizá «hace tiempo que no tomamos un espacio para conversar, o ir a caminar juntos».

Entiendo que hablar es la forma más saludable de poder caminar en la vida y no estar mirándonos con ese deseo de «se supone que lo cumpla, se supone que lo sepa».

La realidad es que el esposo no va a conocer todas las áreas de nuestro corazón, y tampoco nosotras vamos a conocer todas las necesidades en todas las áreas de su corazón, a menos que haya una comunicación abierta acerca de lo que cada uno está esperando.

Recuerda, en cada temporada nuestras necesidades cambian. Háblalo con libertad.

Daniel

Anunciar las cosas crea un ambiente de expectativa para que recibas algo pensado y no improvisado. Hasta nuestros niños en casa celebran y anuncian su propio cumpleaños desde mucho antes, y esas son literalmente celebraciones, no solo del día, sino de antes del día y del "post". En mi casa cada cumpleaños es todo un evento. O sea, su autoestima está súper desarrollada porque todo es anunciado. No se trata de dinero, no es lo que gastemos, sino lo especial y preparado que estamos para recibir y dar.

Aprendan a anunciar antes. Igualmente, hombre, no supongas. Atrévete a decir tus necesidades y tus expectativas. Cómo te gusta ser amado y que cosas llenan tu corazón. tal vez sea ver una película en el cine, tal vez hay algo en la intimidad que anhelas compartir con ella, o simplemente que te acompañe a un juego de futbol. Lo que sea importante para ti y te gustaría hacer junto a ella, no supongas que ella lo sabe, háblalo.

Consejos para reflexionar

- *No hagas del enojo una actitud diaria.*

- *Todos aprendemos a resolver conflictos desde que nacemos, la pregunta es: ¿Lo haces de la manera correcta?*

- *El Espíritu Santo nos enseña a ser equilibrados.*

- *«El necio da rienda suelta a su ira, pero el sabio sabe dominarla» (Proverbios 29:11).*

- *Cuando Dios nos dice que resolvamos todo antes de que se ponga el sol, nos da la oportunidad de hacerlo diariamente.*

- *El Señor nos ha llamado a edificar lo que está a nuestro alrededor con palabras de sabiduría.*

- *Aprende a decir "estoy enojado".*

- *Aprende a conversar.*

- *Aprende a no suponer.*

Notas

RESOLVIENDO CONFLICTOS Y CONSTRUYENDO EN AMOR

Daniel

Para resolver conflictos es importante tres cosas:

a) Usar la Palabra de Dios como filtro

b) Tener reglas de diálogo

c) Buscar consejos saludables / Intermediarios

a) USAR LA PALABRA DE DIOS COMO FILTRO:

Ánclate a la Palabra de Dios como referencia para resolver los conflictos. Nuestro matrimonio no funciona por nuestra creatividad sino por usar la Palabra de Dios como filtro en nuestra relación. Dios es la única razón del por qué nuestro matrimonio funciona. Al momento del enojo, los seres humanos somos capaces de decir los comentarios más horrendos, ofensivos e hirientes que puedas imaginar. Como humanos se nos puede hacer más fácil controlarnos cuando nos sentimos alegres y en paz, pero no cuando estamos enojados. Es por eso que nos urge tener la Palabra de Dios como filtro. Su Palabra está llena de los mejores consejos para resolver los conflictos.

Quien hace la voluntad del Señor obedece su Palabra. La Palabra dice: *«Aplica tu corazón a la disciplina y tus oídos al conocimiento»* (Proverbios 23:12). Propongo que busques el consejo de la Palabra de Dios. Esos consejos se transformarán en los límites que vas a usar para no pecar. Por ejemplo, cuando sabes que «la blanda respuesta aplaca la ira» (Proverbios 15:1), ya conoces un límite que te va a ayudar a resolver el conflicto sin gritar.

Una pareja de amigos nos contaban que al comienzo de su matrimonio, ya adultos, discutían mucho en su casa, peleaban y se decían muchas cosas hirientes y agresivas. Hasta que conocieron a Jesús y comenzaron a ir a la iglesia por primera vez; y en una de las prédicas el pastor dijo que la Biblia dice que Dios es amor, está en todo lugar y Su Presencia trae armonía.

Eso se le grabó a la esposa en su cabeza. Días después, se suscitó una pelea, ella detuvo a su esposo que estaba gritando, sacó una silla de la habitación, la puso en medio de ellos, y dijo: «Aunque no conozco mucho, el pastor dijo que Dios habita en todo lugar y Su Presencia trae paz. En esta silla está Jesús. Continúa diciéndome lo que me estabas hablando».

El esposo se quedó en silencio, porque no podía seguir hablando como lo estaba haciendo. Ahora tenía un límite que lo ayudó a cambiar su actitud y nunca más volver a insultar a su esposa. Tal vez hay algo jocoso en este relato, pero hay mucho de cierto, y lo mejor de todo es que funcionó.

Realmente debemos dejar que Dios transforme nuestra vida. La casa de estos amigos cambió en todas las áreas: espiritual, emocional y física. Porque ellos permitieron que la presencia de Dios los transformara. Toda persona que desea salir de un vicio y se une a un grupo de rehabilitación, sabe que allí enseñan que hay límites que se deben respetar. Si eras adicto a la bebida, te dicen: «No frecuentes esos sitios de bebida».

De la misma manera, y mejor, la Palabra del Señor nos pone límites para no pecar.

Aprendan a discutir el conflicto sana y saludablemente. Yo oro a Dios por cada matrimonio que esté leyendo estas páginas, para que reciban salud en sus emociones, para que sepan hablar las cosas con cordura y sano juicio. Si siendo saludables se malinterpretan las cosas, ¿imaginas alguien que está fuera de su juicio cabal?

«Sed sobrios», nos aconseja la Palabra de Dios, y no como una actitud para tener después que explotas en enojo, sino como un método preventivo.

«Sed sobrios», nos aconseja la Palabra de Dios, y no como una actitud para tener después que explotas en enojo, sino como un método preventivo. Ser sobrio significa: «Ser moderado en sus palabras y en su comportamiento».

B) TENER REGLAS DE DIÁLOGO:

Daniel

En los capítulos pasados, Shari y yo comentamos la bendición que ha sido haber puesto reglas en nuestra relación desde el principio.

Comentábamos que las reglas no solamente son necesarias para distintas instituciones o para un deporte específico, sino también para el matrimonio; en especial al momento de dialogar y resolver conflictos.

Tengo la bendición de conocer y asistir a la iglesia Gateway en Dallas, Texas y una de las cosas que más me gusta es los parámetros que han establecido en las relaciones interpersonales dentro de su equipo de trabajo.

Gateway tiene un documento el cual es normal verlo colgado en un cuadro en alguno de los pasillos de sus oficinas y constantemente lo oyes mencionar en varias de sus reuniones internas de trabajo.

Las reglas establecen límites de respeto que al momento de relacionarnos con otros y de solucionar los conflictos se tornan muy necesarias. Adicionales a las otras reglas que compartimos anteriormente, me gustaría compartirles estas reglas que provienen de Gateway.

Creo que aunque estas reglas de diálogo a continuación son unas excelentes herramientas para un equipo de trabajo, también son dignas de ser aplicables en el matrimonio.

El titulo de este documento es "Pacto Social" y su subtítulo es "Cómo Nos Relacionaremos Unos Con Otros":

NOSOTROS NOS COMPROMETEMOS A AMAR, VALORAR, RESPETAR, Y PROTEGERNOS UNOS A OTROS.

Por consiguiente, siempre escogeremos:

* Escuchar al otro.

* Alentar y afirmar al otro.

* Ofrecer, solicitar y recibir honestas criticas constructivas.

* Siempre creer que el otro tiene las mejores motivaciones.

* Resolver los conflictos con perdón y reconciliación.

* Ser vulnerable y enseñable unos con otros.

* Multiplicarnos en otros.

Empoderar la relación al:

* Confiar en el otro estableciendo límites saludables.

* Aun en las situaciones desafiantes y las diferencias, tener confrontaciones saludables.

* Desarrollar el potencial en el otro, a fin de que ayude a su crecimiento como persona.

* Caminar en unidad, mostrando gracia y confianza.

* Enfocarse en resolver la tarea primordial.

* Saber rendirse cuenta mutuamente para producir un mejor y acertado resultado.

* Extender la oportunidad al otro de soñar juntos y hacer el proceso divertido.

Escuchar, Alentar, Afirmar, Ofrecer, Recibir, Creer, Resolver, Perdonar, Reconciliar, Vulnerables, Enseñables, Multiplicarnos, Confiar, Límites, Confrontación, Saludable, Proceso, Desarrollar, Potencial, Rendir, Resultado, Soñar, Reír.

Por favor toma unos segundos y medita en esas palabras.

Todas estas 23 palabras salen del "Pacto Social" que acabas de leer, y creo que también deberían ser parte del matrimonio en el proceso de resolver conflictos. Es probable que anhelan usar mejor este vocabulario, y hoy sería un buen momento para que lo establezcan como pareja.

C) BUSCAR CONSEJOS SALUDABLES Y/O INTERMEDIARIOS

Proverbios 11:14 dice que *en la multitud de consejeros está el éxito.*

Los consejeros son personas que tienen la capacidad de ver desde afuera lo que realmente está sucediendo adentro de una situación y sus posibles soluciones. Ellos no pueden tomar decisiones por otros, pero sí pueden presentar su opinión o parecer de las distintas opciones que se puede o no se puede hacer. Son mediadores entre dos personas y tienen la sabiduría, prudencia y objetividad para ayudarlos. Son emocionalmente saludables y estables.

No en todas las decisiones matrimoniales, ni en todos los manejos de conflictos se necesitan consejeros, pero hay algunos casos que sí lo requiere y no está mal acudir a ellos en mutuo acuerdo.

Para recibir consejos es necesario quebrantar el orgullo y pedir ayuda. Muchos matrimonios se hubiesen salvado si tan solo hubiesen pedido ayuda. Uno de los primeros pasos para resolver un conflicto es reconocer que necesitamos ayuda, buscarla y caminar el proceso de restauración.

CONSTRUYENDO EN AMOR

Shari

Debemos ir a la «Fuente» que nos alimenta para saber cómo reaccionar, ya que la única manera de dominar nuestra carne es caminar por el espíritu. Para ello es necesario saber ¿cuál será tu vía de desahogo después del enojo? Porque el error no está en el enojo, sino en el desahogo. La mayoría de los caminos del desahogo en la carne es: la gritería, la ira, el coraje, la pelea, la contienda.

Anteriormente, Daniel les comentaba cómo la Palabra nos enseña a manejar el conflicto y desahogarlo usando la blanda respuesta. Pero también la Palabra nos muestra dos maneras más: usando "el amor y el servicio".

En el libro de Juan, capítulo 13, se relata el momento en que Jesús, la noche que iba a ser entregado, tomó tiempo para lavarle los pies a los discípulos. Me impresiona tanto saber que nuestro Maestro, en la noche más difícil de su vida, separó tiempo para estar con sus amigos y sacó lo mejor de él para sentarse a servirles. Se ciñó la toalla en su cintura, se inclinó ante cada uno de sus discípulos, y cuando llegó a Pedro, este le dijo: «¡Jamás me lavarás los pies!».

Pero Jesús le respondió: «Si no te los lavo, no tendrás parte conmigo». Entonces Pedro se fue al otro extremo y le dijo: «Entonces, Señor, ¡no solo los pies sino también las manos y la cabeza!». «El que ya se ha bañado no necesita lavarse más que los pies —le contestó Jesús—; pues ya todo su cuerpo está limpio. Y ustedes ya están limpios, aunque no todos».

Muchas veces nos preocupamos por la salvación, pero una vez que la experimentamos, nos olvidamos limpiarnos los pies. Esto representa limpiar mi caminar diario. Porque tal vez no pierda mi salvación por haberme enojado, pero ese día, por la manera que reaccionaste, te ensuciaste los pies. En el día a día fallamos y hacemos cosas que pueden lastimar a nuestro cónyuge, a nuestros hijos. ¡Qué bueno que podamos lavar nuestros pies cada día!

Al mismo tiempo me llamó mucho la atención que el Señor dijo: *«Este nuevo mandamiento les doy: que se amen los unos a los otros. Así como yo los he amado, también ustedes deben amarse los unos a los otros».* Realmente Jesús estaba actualizando este mandamiento, porque el mandato original dice «ama a tu prójimo como a ti mismo».

Si mi corazón está lleno de temor, odio, rencor, y la fuente de amor soy yo misma, en consecuencia, amaré a mi esposo como yo me amo a mí misma, y ese amor está limitado y distorsionado. No puedo dar amor de la misma fuente con la que yo misma muchas veces lucho.

Jesús dijo *«ama a tus hermanos como yo los he amado».* Ahora la fuente es otra, es Jesús. Ya no depende de amar como yo me amo a mí mismo, o cómo defino ese amor, sino de cómo Jesús nos ama. Eso derritió mi corazón.

La Biblia dice: *«Antes de la fiesta de la pascua, sabiendo Jesús que su hora había llegado para que pasase de este mundo al Padre, como había amado a los suyos que estaban en el mundo, los amó hasta el fin»* (Juan 13:1-2 RVA 2015)

Su amor es inagotable. En Él no hay sombra de variación. El amor del Padre hacia nosotros es incondicional, no tiene límites, es un amor hasta el fin. Jesús estaba totalmente dispuesto a servir, a arrodillarse y limpiarles los pies a sus discípulos aun con las imperfecciones que tenían.

Tenemos que ir a esa fuente de amor para aprender a dar ese servicio en nuestro hogar. Mujeres, dejemos afuera el feminismo. Vivimos dentro de una nueva generación de mujeres feministas que se ofenden cada vez que se les habla del servicio. El servicio no tiene sexo. El servicio es una actitud de corazón.

El maestro se despojó de toda gloria y estuvo dispuesto a servirnos, aun sabiendo que unas horas después uno lo iba a traicionar y Pedro lo iba a negar. Pero el Señor decía: «*Que os améis unos a otros; como yo os he amado, que también os améis unos a otros. En esto conocerán todos que sois mis discípulos, si tuviereis amor los unos con los otros*» (v. 34-35).

Entonces, no somos conocidos como cristianos por cómo nos vestimos, ni siquiera por las revelaciones que puedan salir de nuestra boca, sino por el amor que reflejamos en nuestro diario vivir. Especialmente en nuestra casa. Es por eso que debemos recurrir a la fuente de amor, al Padre. No hay otra fuente.

No hay revista, telenovela, amigas, ni siquiera tú misma, que tenga la capacidad de producir el amor que solamente el Padre puede dar. Es a través de caminar tras sus pisadas, de andar por donde Él caminó, que podremos experimentar un amor que va más allá de nuestra lógica, más allá de lo que sentimos.

MÁS QUE VENCEDORES, ¡CRÉELO!

En Romanos 8:37 dice: «*Sin embargo, en todo esto somos más que vencedores por medio de aquel que nos amó*».

Somos vencedores sobre nuestras situaciones difíciles a través de aquel que nos amó.

«Pues estoy convencido de que ni la muerte ni la vida, ni los ángeles ni los demonios, ni lo presente ni lo porvenir, ni los poderes, ni lo alto ni lo

profundo, ni cosa alguna en toda la creación podrá apartarme del amor que Dios nos ha manifestado en Cristo Jesús» (v.38).

Pero en el versículo 35 dice: *«¿Quién nos apartará del amor de Cristo? ¿La tribulación, o la angustia, la persecución, el hambre, la indigencia, el peligro, o la violencia?».*

¿Qué nos puede separar de esa fuente? ¿La necesidad, la traición? ¿El día difícil? ¿La pérdida de un ser querido? Habrá momentos de adversidad, pero podemos seguir recurriendo a esa fuente que está disponible todos los días para que bebamos de ella, y así hacer la voluntad del Padre.

GRATITUD, EL INGREDIENTE PERFECTO

Es a través de caminar tras sus pisadas, de andar por donde Él caminó, que podremos experimentar un amor que va más allá de nuestra lógica

Tengo una amiga que visitó el grupo de mujeres que lidero, ella enviudó siendo ambos muy jóvenes y con dos niñas pequeñas. La pérdida de su esposo fue muy dolorosa para todos los que la rodeamos. Durante una charla en el grupo le pedí a ella que leyera este pasaje: *«¿Quién nos separará del amor de Dios? ¿la muerte?...».* Y mientras lo leía, entre lágrimas decía: «Yo he experimentado la pérdida, pero he podido refugiarme en esa fuente de amor».

Luego empezó a contar: «Si hay algo de lo que me arrepiento es de haber dado por sentado detalles diarios que mi esposo tenía conmigo. Tal vez no tuve la oportunidad de decirle cuánto valoraba lo que estaba haciendo. Él me ayudaba con la comida, con recortar la hierba del patio. Y yo no era agradecida. Pasan los días, pasa la vida y siento que hubiese querido hacérselo saber».

Cuando la escuché, noté que no era una carga que ella sentía, sino una palabra de enseñanza hacia las casadas que estábamos en el grupo. Debíamos tomar tiempo para valorar.

Entonces les dije a las mujeres, creo que la tapa levantada del inodoro que tanto nos molesta, o la ropa interior y las medias tiradas, no son gran cosa. Es necesario evitar discusiones y contiendas innecesarias. Entonces una mamá dijo: «Yo discutía con mi hijo porque cuando regresaba del gimnasio, dejaba su ropa tirada, y me molestaba mucho. Pero luego se fue al ejército. No saben cómo extraño ver la ropa tirada y los libros sobre la mesa.

Ahora, cuando regresa y me viene a visitar, lo primero que hago es correr al baño y mirar su ropa tirada en el piso. Cuando la veo, me lleno de alegría». Al oír esa historia, todas lloramos. Fue una gran reflexión. Perdemos el tiempo discutiendo por tonterías, cuando debemos valorar el regalo de la familia, del matrimonio o de los hijos que el Señor ha sembrado en nuestra vida.

Luego de aquella reunión, cada una de las mujeres que estábamos presentes comenzamos a cambiar nuestra actitud frente a la familia. Me reuní con una pareja de amigos, y oí que ella le decía a su esposo: «Mi amor, de verdad no importa la ropa que dejas tirada, quiero que sepas que te amo». Otra amiga me dijo: «Shari, hoy vi la ropa de mi hijo tirada en el piso y sentí enojo, pero luego recordé que debo dejar de pelear por cosas pequeñas y valorar lo que tenemos».

Recurre a esa fuente que es Jesús. Aprende de Él, que en su momento más difícil decidió servirnos. Seguramente vivirás momentos difíciles como cónyuge o como padre, pero toma la toalla de servicio y limpia los pies de los que amas.

Daniel

Con esta reflexión no estamos aplaudiendo el desorden, sino que lo ubicamos en el lugar del enojo que corresponde. A veces hacemos una tragedia de lo que no es. Nos preocupamos demasiado en cosas que no tienen valor. Perdemos demasiado tiempo y energías en batallas innecesarias.

¡Cuántas veces he tenido que detener por unos minutos algún proyecto que no tienen sentimiento alguno, para irme a jugar con mis hijos para hacerlos mas felices!

Recuerdo cuando a uno de nuestros hijos se le olvidó sus cosas en la escuela y yo tuve que ir a buscarlas. Me enojé durante un momento, y pensé en decirle: «Tienes que ser más cuidadoso». Pero me quedé callado porque sentí que Dios me dijo: «Tú eres mi misericordia. Dile a tu hijo que estarás ahí, cuantas veces se equivoque. Él va a aprender, pero tú muéstrale misericordia. Porque un día será papá, y quiero que él le muestre a sus hijos, lo que tú le mostraste».

No dejes de corregirlo, pero muéstrale gracia.

Un día escuché un gran consejo: "Escoge tus batallas". La realidad es que este consejo me ha ayudado mucho porque ahora ante cada situación, primero me hago la pregunta: ¿Realmente esta situación merece ser batallada ahora mismo? Debemos de estar conscientes que habrán situaciones en que lo mejor que podremos hacer es permanecer callados, ser pacientes, tolerantes y mostrar amor y gracia.

Debemos tomar la decisión de amar o querer cambiar y yo he decidido amar y dejar que Dios sea el que me cambie y no al revés.

¿Quieres que se acabe el conflicto? Sé benévolo, cede, aprende a ser tolerante. Sé que lo que te estamos pidiendo es difícil, y más cuando estás enojado y tienes la razón. Pero no ganamos teniendo la razón. Seamos felices. Seamos como Jesús. El conflicto se derriba construyendo con amor, tolerancia y servicio.

Consejos para reflexionar

- *Busca resolver el conflicto.*

- *Usa la Palabra de Dios como filtro.*

- *Ten reglas de diálogo.*

- *De ser necesario, busca consejeros saludables.*

- *Construye con amor y servicio.*

- *El enemigo está dando vueltas alrededor del conflicto y la discusión, para ver quién va a operar. Si opera el Espíritu Santo, el enemigo tiene que huir.*

- *El matrimonio es el único ministerio que confronta nuestro carácter.*

- *Amen las diferencias.*

- *Es necesario resolver el conflicto para avanzar.*

- *La Palabra del Señor nos pone límites para no pecar.*

- *Escoge tus batallas.*

- *Anuncia las fechas importantes con anticipación.*

- *Tú ama, y deja que Dios cambie.*

Notas

NOS NECESITAMOS

«Y Dios creó al ser humano a su imagen; lo creó a imagen de Dios. Hombre y mujer los creó, y los bendijo con estas palabras: "Sean fructíferos y multiplíquense; llenen la tierra y sométanla; dominen a los peces del mar y a las aves del cielo, y a todos los reptiles que se arrastran por el suelo"».

Génesis 1:27-28

Daniel

La descripción de la Creación es un relato maravilloso. Dios tomó un pedacito de Él mismo, de su esencia, y lo puso en el hombre. Luego, creó a la mujer tomando un pedacito de Él y poniéndolo en ella. De esta manera descubrimos que salimos de Dios. Pero nuestro enemigo trató de infiltrar su veneno dentro de esa esencia.

Cuando Dios creó al hombre, lo hizo como un diseño creado para lidiar con muchos proyectos. Si quieres ver a un hombre en pleno funcionamiento, dale proyectos. Dios diseñó a Adán para lidiar con múltiples actividades que había en el Edén, como por ejemplo, ponerle nombre a los animales y tomar autoridad sobre ellos.

A través de estas palabras quiero reafirmar la figura del hombre, porque en la actualidad se ha deteriorado. En ocasiones el hombre no reconoce lo que es en Dios, ni lo que representa realmente en esta tierra. La peor mentira que el maligno le puede inculcar a un hombre es hacerle creer que no es capaz de lograr algunas cosas, así lo paraliza, entonces camina sin aire, sin vida.

Hace algún tiempo escribí un mensaje para los hombres, unas palabras de ánimo ya que percibí que esto estaba sucediendo, y quiero compartirlo con ustedes:

¡Ánimo, Hombre!

En las pasadas semanas me he encontrado con varios amigos que me compartieron lo difícil que se les ha hecho llevar adelante el desarrollo de sus proyectos de vida a causa de todos los cambios económicos que atraviesa la sociedad actual. Y aunque cada uno de ellos continúa laborando y en pie de lucha, también reconocen que su ánimo ha sido golpeado.

A través de estas palabras deseo hablarte a ti, y decirte que yo también he pasado por allí. Quiero que entiendas esta Palabra y te ancles en ella. Esto es lo que está escrito acerca de quién eres:

«Dios, Tú creaste mis entrañas; me formaste en el vientre de mi madre. ¡Te alabo porque soy una creación admirable! ¡Tus obras son maravillosas, y esto lo sé muy bien!» (Salmos 139:13-14).

1. Eres una creación admirable.

2. Tienes que saberlo.

3. Siempre alaba a Dios por lo que ha hecho de ti y por las obras maravillosas que tiene preparadas para cada etapa de tu vida.

Escúchame bien, hombre:

Naciste para esta vida. Nacimos para trabajar. Nacimos para ser fuertes. Nacimos para el éxito. Nacimos para vivir rendidos a Dios.

Tenemos el potencial para dirigir una gran empresa o una nación entera, y al mismo tiempo vivir exclusivamente para una sola mujer toda una vida. Dejamos legado y herencia a nuestros hijos.

Nuestro verdadero valor no depende de los recursos materiales que poseamos, sino del extraordinario DNA (ADN) divino con que nos formaron.

Si un hombre se levanta y no sueña, se muere.

La creatividad es parte de nosotros. Somos diseñados para crear, para lograr nuestros proyectos. No nos limita la falta de recursos. Nuestros sueños son tan fuertes y grandes que hacen que los recursos surjan de donde menos lo imaginamos.

El fracaso puede ser una opción, pero no será nuestra decisión final.

No te detengas hasta alcanzar el máximo potencial de excelencia en la vida. Somos de los que no vemos el trabajo como un castigo sino como un regalo de Dios para alcanzar nuestras metas y disfrutar de la obra de nuestras manos.

Eres alguien diseñado para sentir misericordia, y por eso sabes levantarte una y otra vez, y también puedes levantar a otros. No pones excusas, te levantas y sigues trabajando.

Eres alguien que puede hacer de la humildad un filtro para opacar el orgullo y así seguir aprendiendo día tras día. Somos conquistadores por naturaleza.

Fuimos diseñados para tener el carácter de Cristo. Somos firmes en lo que decimos, pero en medio de nuestra firmeza también podemos mostrar amor y compasión.

Fuimos diseñados para que nuestras acciones tengan coherencia con nuestras buenas palabras. No solo somos inteligentes sino que también nos conducimos con buen juicio.

La amargura no fue hecha para nosotros, pero sí el gozo del Señor, que es nuestra fortaleza día a día.

La marea puede estar fuerte, pero nuestra mirada no debe estar en la tormenta sino en Jesús, quien prometió que cruzaremos al otro lado. Él está dentro de tu barca, está de tu lado, es tu capitán y se levantará a hablarle a tu tempestad y provocará bonanza. Lo hizo una vez y lo volverá hacer. No porque lo merezcamos o califiquemos, sino porque nos ama.

Fuimos diseñados para ser efectivos siempre y para anclarnos de los consejos de la Palabra de Dios y no de nuestra mera opinión.

Los momentos desafiantes de la vida siempre han estado presente en la historia, pero también se han convertido en la plataforma para que muchos hombres demuestren su valía.

Dios prometió que su bien y su misericordia te seguirán siempre, así que no dejes de ser creativo, porque Dios hará que grandes y exitosas oportunidades te encuentren.

Eres más fuerte de lo que crees.

Eres más sabio de lo que piensas.

Eres más estratégico de lo que imaginas.

Dios sabe la creación admirable que hizo de ti. Ahora falta que tú lo sepas.

¡Ánimo, Hombre, Dios no ha terminado contigo!

Tenemos mucho por hacer.

Un abrazo,

Daniel Calveti

Los tiempos han cambiado, y ahora tanto al padre como la madre muchas veces deben trabajar fuera de su casa. Sin embargo, hay algo especial que debemos reconocer, y es que Dios ha depositado en las mujeres ese don de consentir, escuchar, consolar y aconsejar. Ellas tienen esa capacidad más desarrollada que los hombres.

Cuando llego de algún viaje, después de días de estar trabajando y de pasar cosas que la gente ni se imagina, siempre pienso en los hombres que también llegan a casa de su trabajo, y seguramente me hago las mismas preguntas que ellos: «¿Con quién voy a compartir mis proyectos y mis logros? ¿Con quién voy a desahogar mi cansancio?».

Sé que hay hombres que no hablan de su trabajo, ni les importa hablar de ello, pero cargan con un gran cansancio, un agotamiento que necesitan desahogar. Y siempre me hago la misma pregunta: «¿Quién me felicita o me dice cómo puedo mejorar en todos los proyectos en que estoy interviniendo?».

Dios ha depositado en las mujeres ese don de consentir, escuchar, consolar y aconsejar

Así se sentiría Adán al finalizar un día de trabajo, pensaría: «¿Con quién puedo compartir todos estos logros? ¿Quién me va a entender? ¿Quién me puede consentir? ¿Quién me dirá cómo puedo mejorar? ¿Quién me dirá si le gusta o no lo que estoy haciendo?».

Entonces… apareció ella: Eva.

«Luego Dios el SEÑOR dijo: "No es bueno que el hombre esté solo. Voy a hacerle una ayuda adecuada"» (Génesis 2:18).

Dios creó perfectamente lo que necesitábamos: nuestra esposa.

TRES RAZONES POR LAS QUE NECESITABA (Y NECESITO) A SHARI

1. Su sabiduría me bendice.

La mujer es un regalo de sabiduría de Dios para el hombre. Fue diseñada para trabajar junto a él en la construcción del proyecto macro de vida. Génesis 2:21-23 dice: *«Entonces Dios el SEÑOR hizo que el hombre cayera en un sueño profundo y, mientras éste dormía, le sacó una costilla y le cerró la herida. De la costilla que le había quitado al hombre, Dios el SEÑOR hizo una mujer y se la presentó al hombre, el cual exclamó: "Ésta sí es hueso de mis huesos y carne de mi carne. Se llamará 'mujer' porque del hombre fue sacada"».*

Un día le dije a Dios que necesitaba su ayuda: «Señor, te doy gracias porque me has hecho sabio y me has dado sentido común, pero en el nombre de Jesús te pido que me des más sabiduría y más sentido común del que me has dado». Repetí esta oración tres veces y en ninguno de los casos había tenido respuesta, hasta que por fin, en un nuevo pedido ante Dios, le dije:

—Señor, escucha mi oración. Dame más sabiduría, más sentido común.

Entonces sentí la voz de Dios a mi corazón que me dijo:

—Hijo, yo ya te respondí.

—¿Cómo? No he escuchado tu respuesta, —dije.

—Es que yo ya te he dado a Shari, tu esposa —declaró con voz dulce.

Ese día me quedé tranquilo y feliz. «Dios podía haberme dado más sabiduría, más sentido común, sin embargo me hace un ser necesitado de su amor y sabiduría a través de mi esposa.

Querido amigo, quiero que sepas que no estás solo, que Dios te ha regalado esa persona maravillosa que ha puesto a tu lado. Que sí puedes hacerlo solo, pero Dios prefiere que experimentes el poder que hay cuando los dos están de acuerdo y trabajan para un mismo fin. A través de Shari veo el amor de Dios, y además recibo más sabiduría y más sentido común a través de ella.

2. Sus detalles me alientan.

La mujer fue creada mientras el hombre estaba en un profundo sueño. Pienso que Dios la creó como un oasis de descanso para el hombre, y no como una carga.

Cada vez que llegas a tu casa, tienes que saber que tu esposa se va a encontrar contigo para ser tu oasis de bendición y alivio. Y no me estoy refiriendo solo a la parte sexual, sino a todo. Ella será quien escuchará y celebrará tus proyectos, te dará un consejo sabio para mejorarlo. Llorará y reirá contigo. Encontrarás un oasis en ese consentimiento o en esa comidita…

He comido en restaurantes pésimos y también en otros muy buenos, pero nada como la comida que prepara Shari. Hay algo emocional envuelto, ¡no solo porque puedo repetir más! sino porque puedo sentir cómo pone de ella en lo que cocina. Detrás de su comida hay mensajes de amor que ni puedo definir, que se convierten en un oasis de bendición.

3. Ella era lo que yo necesitaba.

Dios creó lo que perfectamente el hombre necesitaba, por eso exclamó y dijo: *«Esta sí es hueso de mis huesos y carne de mi carne. Se llamará "mujer" porque del hombre fue sacada»*. Dios creó perfectamente lo que nosotros necesitamos y lo que creó lo vio bueno y en gran manera.

ES UNA FUSIÓN ENTRE EL HOMBRE Y LA MUJER

Shari

Cierta vez escuché predicar a la mamá de Daniel algo poderoso acerca de eso. Ella explicaba que la creación del hombre fue una fusión de tierra y espíritu, porque del barro fue creado, y Dios sopló de su espíritu. Pero cuando formó a la mujer, tomó algo del hombre mismo. No está hecha con la misma materia que el hombre. No fue hecha de tierra, porque era como traer del barro una vida adicional.

La mujer está hecha de una fundición de la tierra, que tiene todos los minerales, sumada a sangre y carne. Esa es una fundición hermosa en esos dos seres que ya no son solamente elementos de la tierra (minerales y barro), sino que viene a añadirse la sangre y la carne.

Durante una clase de matrimonios llevamos plastilina para trabajar y le dimos a cada matrimonio dos colores diferentes, uno a la mujer y otro al hombre. Esa tarde hacíamos referencia a cómo Dios nos funde

como pareja. Entonces le pedimos a cada uno que creara su propio muñequito. Daniel y yo hicimos los nuestros. Él hizo un muñequito azul, y yo, uno rojo.

Luego les dijimos: «Vamos a fusionar esos dos muñequitos, porque la Biblia dice que somos una sola carne». Así que unimos los dos muñequitos y los apretamos uniéndolos. Cuanto más los apretábamos más se mezclaban los colores. En la nueva masa que se estaba formando se veían características de los dos colores, pero ahora estaban mezclados.

Luego les pedí que trataran de separarlos, pero fue imposible. Cada vez que yo trataba de arrancar un pedazo de mi color rojo, me traía un pedazo de color azul. Cada vez que Daniel trataba de tomar un pedazo azul de su muñequito, se llevaba un pedazo rojo del mío.

Es muy importante saber que cuando hay una fusión, es completa. Por eso Dios sabe lo doloroso que es el divorcio, porque cada vez que hay una separación no solo pierdes emocionalmente, sino que también físicamente, arrancas a alguien que perteneció y se ligó a tu cuerpo, alma y espíritu.

CUANDO BENDECIMOS, ¡REGALAMOS VIDA!

Daniel

En casa hemos implementado una comida muy especial semanal en donde tengo la oportunidad, mientras comemos, de bendecir a cada uno de mis hijos por individual y también bendecir a mi esposa Shari tomando como guía Proverbios 31.

Es un tiempo muy especial porque dice la Biblia que la bendición tiene el poder de traer vida a algo; abre capítulos nuevos en la vida de una persona; anima; conforta; disipa la maldición; reprende la confusión y las mentiras; mejora la autoestima; establece la verdad de Dios; afirma la identidad de una persona y de quién es en Cristo.

¿Se imaginan el impacto que tendría este tiempo especial si lo adaptaran en sus hogares? ¡Sería un ciclo de bendición a lo largo de aproximadamente 52 semanas que tiene un año!

Tarea para el varón:

En el texto de Proverbios 31:10-30 leemos acerca de las características de esa mujer perfecta que Dios creó y la esencia que puso en ella. Varón, lee y subraya esas características y bendice a tu esposa repitiéndoselas.

Una tarde fui a un supermercado, y mientras estaba en la fila para abonar mi compra, había un hombre esperando en la misma línea de caja. Al cabo de unos minutos entra su esposa con un niño tomado de su mano al que tironeaba, y frente a las personas que estábamos ahí le arrancó el papel que su esposo llevaba en su mano y le dijo: «Dame eso, yo sabía que estabas en la fila equivocada, ¡bruto! Por eso vine, porque me imaginé que estabas haciendo todo mal».

Esta mujer humilló al esposo delante de todos. Estoy seguro de que ese hombre no encontraría a su mujer en la descripción de Proverbios. Luego de presenciar ese episodio salí rápido y llamé a mi esposa para decirle: «Mi amor, ¡gracias! Porque sé que nunca me humillarías ni me hablarías de mala manera ni en privado ni delante de otras personas. Gracias por ser ejemplar».

El texto comienza diciendo: *«Mujer ejemplar, ¿dónde se hallará? ¡Es más valiosa que las piedras preciosas! Su esposo confía plenamente en ella y no necesita de ganancias mal habidas»* (v. 10-13).

ELLAS PUEDEN, LOS HOMBRES... ¿TAMBIÉN?

Shari no viaja mucho sola, pero una vez viajó para asistir a un congreso de mujeres y yo me quedé en casa con los niños. Pero antes de su regreso yo también debía viajar, y en el entretiempo los niños se quedarían con los abuelos.

Entonces Shari me llamó y me dijo: «Daniel, sé que te vas de viaje hoy, pero recuerda dejar todo listo para que los niños se queden con sus abuelos. Este fin de semana tienen fútbol, también tienen la fiesta de la escuela, y una presentación en la iglesia. Por favor ayúdame con la ropa para todas estas actividades». Y me dio todas las instrucciones necesarias.

Mi vuelo salía a las seis de la tarde. Tenía todo un día para organizar todos los encargos y no me alcanzó el tiempo. Debía preparar esto, también aquello, y controlar que todo esté bien. De todas maneras me faltó algo. Cuando por fin me senté en el avión, llamé a Shari y le pregunté: «¿Cómo estás?». Ella me respondió: «Súper contenta. ¡Qué buen congreso! Estoy feliz, etc.».

Cuando ella me preguntó cómo me había ido con todo lo que tuve que preparar, como la oía tan feliz, pensé: «Si le digo cómo me siento la voy a preocupar». Así que le dije todo está bien, en orden. Corté el teléfono, respiré profundo y me quedé en silencio. Días después le dije: «¡No sabes la falta que me hiciste! Reconozco todo lo que tú trabajas. Todo tu esfuerzo».

Hoy te honro, mujer, por la gran labor que haces y por cómo tienes la capacidad de correr con todas las demandas del hogar. ¡Felicitaciones!

¡VAYA SI ERES ESPECIAL, MUJER!

La Palabra continúa diciendo acerca de la mujer:

«Anda en busca de lana y de lino, y gustosa trabaja con sus manos. Es como los barcos mercantes, que traen de muy lejos su alimento. Se levanta de madrugada, da de comer a su familia y asigna tareas a sus criadas. Calcula el valor de un campo y lo compra; con sus ganancias planta un viñedo.

Decidida se ciñe la cintura y se apresta para el trabajo. Se complace en la prosperidad de sus negocios, y no se apaga su lámpara en la noche. Con una mano sostiene el huso y con la otra tuerce el hilo. Tiende la mano al pobre, y con ella sostiene al necesitado. Si nieva, no tiene que preocuparse de su familia, pues todos están bien abrigados. Las colchas las cose ella misma, y se viste de púrpura y lino fino» (Proverbios 31:13-22).

Cada vez que llegamos a los diferentes eventos la gente no se imagina todo el proceso de preparación previo a la salida al tener niños. Shari debe preparase ella y al mismo tiempo ayudar a los niños. ¡Cuántas veces se le corrió el maquillaje en medio de tantas corridas! Aunque yo ayudo mucho, aun así, ella es quien más trabaja.

Y así continúa diciendo:

«Su esposo es respetado en la comunidad; ocupa un puesto entre las autoridades del lugar. Confecciona ropa de lino y la vende; provee cinturones a los comerciantes. Se reviste de fuerza y dignidad, y afronta segura el porvenir. Cuando habla, lo hace con sabiduría; cuando instruye, lo hace con amor.

Está atenta a la marcha de su hogar, y el pan que come no es fruto del ocio. Sus hijos se levantan y la felicitan; también su esposo la alaba: «Muchas mujeres han realizado proezas, pero tú las superas a todas». Engañoso es el encanto y pasajera la belleza; la mujer que teme al SEÑOR es digna de alabanza. ¡Sean reconocidos sus logros, y públicamente alabadas sus obras!» (vv.23-31).

A todo lugar donde voy, muchos se me acercan para enviarle saludos a Shari. Algunos de ellos no la han visto nunca, no la conocen, pero suelo hablar tanto de ella durante mis charlas y elogiar sus obras públicamente, que la gente siempre tiene algo que decirme. Muchos le envían regalos. No me los dan a mí, pero se los envían a ella.

De eso se trata, de hablar públicamente de sus obras y decir aquello que es digno de ser elogiado. No tengo nada en contra de ningún autor o compositor de música, sin embargo me preocupa (y déjenme abrir un paréntesis) que la gente haya interpretado que las canciones de amor son aquellas que degradan a la mujer. Que en vez de elogiar sus obras, las ponen por el suelo. A eso la gente le llama romanticismo, pero no lo es.

La mujer es un oasis de bendición para su esposo

Es por eso que soy más consciente e intencional en identificar lo que verdaderamente es el romance. La mujer es una creación perfecta de Dios, es el sello de la creación. Es un oasis de bendición para su esposo, y no es un objeto.

Shari

Me causó indignación ver en un auto una calcomanía con un dibujo de una mujer sosteniendo una cadena, y el hombre en posición de perro. Entonces pensé: «Yo tengo que verle la cara a la persona que está conduciendo». Cuando pasé a su lado, vi que era una muchacha, una madre joven, se veía alguien decente. Pero a causa de la calcomanía que llevaba en su auto, podemos saber algo de cómo piensa.

Entonces reflexioné con Daniel acerca de qué ocurriría si pusiéramos en el auto una imagen contraria a esa, siendo el hombre el que lleva como a un perro a la mujer. Romperían nuestros cristales del auto y nos insultarían. Eso es lo que la gente piensa.

La mujer se ha dejado engañar por el enemigo y la cultura actual con una dañina idea: para no ser lastimada necesita dominar. La identidad y el valor de la mujer ha sido muy lastimados, y de alguna manera se ha distorsionado quién realmente es. Más adelante compartiré, amada mujer, sobre cómo Dios te ve y cuál es la esencia que sopló sobre ti el día que te creó.

Consejos para reflexionar

- Cuando Dios creó al hombre, lo hizo como un diseño creado para lidiar con muchos proyectos.

- Dios sabe la creación admirable que hizo de ti. Ahora falta que tú lo sepas.

- La mujer es una creación perfecta de Dios para traer un oasis de bendición a su esposo.

- Mujer, Dios ha depositado en ti el don de consentir, escuchar, consolar y aconsejar.

- El matrimonio no solo nos une, sino hace en nosotros una fusión completa.

- En una separación no solo pierdes emocionalmente, sino que también físicamente, arrancas a alguien que perteneció y se ligó a tu cuerpo, alma y espíritu.

- Tómense un tiempo semanalmente para bendecirse el uno al otro.

- La bendición tiene el poder de hablar vida.

- Toma tiempo para valorar el esfuerzo que tu cónyuge hace diariamente.

- Mujer fuiste hecha una creación admirable, pero necesitas saberlo.

ARRANCA Y CONSTRUYE

Shari

«Y creó Dios al hombre a su imagen, a imagen de Dios lo creó; varón y hembra los creó. (…) Y vio Dios todo lo que había hecho, y he aquí que era bueno en gran manera. Y fue la tarde y la mañana el día sexto» (Génesis 1:27,31 RVR1960).

La palabra «bueno» significa: «Que posee bondad moral, que es apropiado para un fin, con cualidades gratas y gustosas, que sana, es suficiente y basta». Eso expresa que lo que Dios creó es suficiente, es lo mejor, y tiene las gratas y gustosas cualidades que tú necesitas, tiene la moral correcta, es basto.

La otra palabra utilizada es gran «manera», que significa: «Modo, forma de hacer algo o forma de comportarse». En otras palabras, la forma que Dios le dio a lo que creó, aparte de ser única, perfecta, que basta, también es suficiente. Es como cuando te sientes lleno después de comer y dices estuvo riquísimo, no necesito más, estoy lleno, saciado. Esto me basta.

Cuando Dios hizo al hombre y a la mujer, dijo: «Adán, yo te hice lo suficientemente bueno, no tengo que añadirte nada más. Eva, te hice lo suficientemente buena, no tengo que añadirte nada mas».

LA SEMILLA DE INSATISFACCIÓN

Esa es la verdad, sin embargo, una de las mentiras más grandes que el maligno le hizo creer a la humanidad es: «lo que Dios te ha dado no es bueno y suficiente». Es por eso que en los matrimonios existen muchos problemas de infidelidad en la sociedad, y aun estando dentro de la casa no se sienten satisfechos, porque no entienden que lo que tienen es lo suficientemente bueno, y es bueno en gran manera.

El mismo diablo usó a la serpiente para conversar con Eva. Recuerda que el primero que tiene la información de no comer de ese fruto es Adán, no Eva. Porque Adán fue el primer ser creado, entonces Dios le dijo: *«Y mandó Jehová Dios al hombre, diciendo: De todo árbol del huerto podrás comer; mas del árbol de la ciencia del bien y del mal no comerás; porque el día que de él comieres, ciertamente morirás»* (Génesis 2:16-17 RVR1960).

Luego Eva escucha de Adán lo que Dios le dijo. Entonces la serpiente le habló a Eva tratando de alcanzar su propósito, que era hacerle creer que lo que Dios le ha dado no era bueno ni suficiente.

NO LE CREAS AL SEMBRADOR DE MENTIRAS

Daniel

Lamentablemente hay muchas personas luchando con el pensamiento: «¿Tendré lo mejor?». Quizás se casaron, y al principio se dejaron llevar por el «yo ideal». Tal vez vieron lo ideal, pero no era lo real. Cuando pasó el tiempo, entonces comenzaron a cuestionarse acerca de lo que tenían. Comenzaron a ver sus defectos y comenzó el desánimo.

La primera mentira que el maligno le dijo a Eva, fue cuando sembró la duda en su mente preguntándole: ¿De verdad te dijeron que esto era lo mejor?

Dios, que es el creador de todo, me dio lo mejor; es bueno en gran manera y me es suficiente

El maligno va a atacar tu mente diciéndote: «¿Así que lo que tienes es lo mejor?». De esta manera inyecta la duda en ti. Y con eso no se puede jugar. Ante esto uno tiene que tomar una postura firme y contestarle al maligno diciendo: «Yo tengo lo mejor porque Dios, que es el creador de todo, me dio lo mejor; es bueno en gran manera y me es suficiente».

La segunda mentira que el diablo sembró fue cuando le dijo a Eva que no había peligro. Quiere sembrar en ti la mentira de que no hay consecuencias con la desobediencia. Antes de que el pecado sea ejecutado, primero va rondando por tu mente hasta que finalmente se sembró la semilla. La serpiente le dijo: «No hay ningún peligro, tú puedes probar de esto. No vas a morir».

La tercera mentira es presentarle las ventajas de atreverse a comer de ese fruto. La mentira de que habrá una satisfacción mayor si tan solo probamos. ¡Qué mentiroso! El maligno está engañando a tantos hombres y mujeres… El enemigo nos quiere hacer creer que hay un mejor cuerpo del que tienes a tu lado, que hay mejores caricias, mejores palabras, y que algo mejor vas a sentir si pruebas esto. ¡Puras mentiras!

La semilla de insatisfacción es sembrada y luego se desarrolla al creer las mentiras que el mismo maligno dice. Pero el Espíritu Santo nos habla clara y directamente. Dios nos dio un mandato: «Aléjate, literalmente aléjate, no negocies, no escuches. Aléjate de lo que es adúltero y de lo que no te conviene. No coquetees con eso».

Durante mis primeros años de casado participé de un concierto en un país de Latinoamérica, y antes de subir a la tarima, yo no sé cómo, pero una muchacha se escabulló entre los músicos y de pronto puso su mano sobre mi hombro.

Al hacerlo sentí que tenía malas intenciones, entonces le pregunté: «Disculpe, ¿usted va a orar por mí?». Ella respondió que no. «Entonces quíteme la mano de encima, por favor», le dije. Automáticamente sacó su mano de mi hombro y se fue.

El baterista de mi banda, que estaba a mi lado, me dijo: «¿No crees que fuiste un poco irrespetuoso con esa muchacha?». «Al pecado no se le tiene respeto, al diablo no se le tiene respeto, con esto no se negocia», respondí. Nuestra lucha no es contra sangre ni carne, sino contra el maligno. Tenemos un mandato clarísimo: «Aléjate. No juegues con el pecado».

Hay un pasaje que me gusta mucho y dice: *«No abrigues en tu corazón deseos por su belleza, ni te dejes cautivar por sus ojos, pues la ramera va tras un pedazo de pan, pero la adúltera va tras el hombre que vale»* (Proverbios 6:25-26).

El consejo de Dios en su Palabra es que «La mujer que no te conviene también tiene belleza, es linda, sus ojos son atractivos, pero esa belleza no debes verla, no es para ti. Te tienes que alejar de ella».

LA TENTACIÓN SIEMPRE SE PRESENTARÁ APETECIBLE

Mis amigos varones, no crean que la tentación del diablo se les va a presentar fea. El libro de los Proverbios dice que la tentación es linda y con ojos atractivos. ¡Aléjate de ella!

Proverbios 5:7-11 dice:

«Pues bien, hijo mío, préstame atención y no te apartes de mis palabras. Aléjate de la adúltera; no te acerques a la puerta de su casa, para que no entregues a otros tu vigor, ni tus años a gente cruel; para que no sacies con tu fuerza a gente extraña, ni vayan a dar en casa ajena tus esfuerzos. Porque al final acabarás por llorar, cuando todo tu ser se haya consumido» (Prov. 5:7-11).

Tenemos un mandato clarísimo: «Aléjate. No juegues con el pecado»

Shari

Debes saber que es peor la mujer adúltera que la ramera, y el hombre solo tiende a cuidarse de la ramera. Lo de la ramera es obvio, la reconocen por cómo camina, dónde está y cómo se viste, pero la adúltera es más difícil de identificar. A ella no le importa el dinero, sino el hombre que vale. Es la que dice: «Qué feliz se ve casado con su esposa. Debe ser un excelente hombre, lo quiero para mí».

Ese tipo de mujeres son más peligrosas que las rameras, ya que el hombre tiende a bajar la guardia con ellas. Normalmente es la compañera de trabajo que parece muy buena persona o la mamá de la escuela, pero ella es la peligrosa porque está buscando el valor y el vigor del hombre.

HOMBRE: TU VIGOR SE ACABA CUANDO VAS DETRÁS DE LA MUJER QUE NO TE CONVIENE

Daniel

Cuando Dios te da un mandato es porque sabe que su desobediencia trae consecuencias. La Palabra menciona algunas: Dios te dice «aléjate de la mujer ajena». En otras palabras: «No mires lo que no es tuyo. Ya te di algo suficientemente bueno y perfecto».

Por favor, No entregues tu vigor ni tus años. Hay hombres que se amarran a la mujer que no le conviene y quedan atados espiritual y emocionalmente. Solo Dios puede revertir esto, pero hay consecuencias.

¿Sabes cuál es la queja más grande de una mujer casada que ha experimentado la infidelidad? Ella dice: «Tanto que luchamos para levantar este matrimonio juntos, le entregué todo, para que él entregue su fuerza y sus años de vigor a esa mujer».

Esta es la historia de una de las amigas de mi mamá. Ella llegó con su esposo a los Estados Unidos, y decidió renunciar a su sueño para ponerse a trabajar. Ella no tenía la licencia para ejercer su profesión, y necesitaba realizar las respectivas equivalencias. Entonces pensó: «Iniciaré una empresa de limpiar casas. Con el dinero que gane, mi esposo puede ir a estudiar y graduarse como médico. Yo lo sostendré para que pueda alcanzarlo».

Cuando el hombre se graduó de médico, fue prosperado, tiempo después se fue con una mujer más joven y bonita, tal como describe Proverbios a la adúltera. Ella vio la virtud de ese hombre y la quiso. Y él, abandonó a su mujer y a sus niños.

Hoy, que tengo más edad, entiendo más la profundidad del dolor de aquella mujer. Recuerdo que en la sala de la casa de mis padres gritaba de frustración, de rabia, de enojo. Todo eso delante de nosotros, los niños, a quienes nos mandaron al cuarto para distraernos de lo que estaba sucediendo. Ella lloraba totalmente frustrada porque había dado sus años productivos de trabajo para que ahora su esposo le diera una vida de lujo a esa mujer que vino a quitar el valor de una familia.

Recuerda la parábola del hijo pródigo en Lucas 15:17 *«Cuando Por fin recapacitó y regresó a su casa»*. Oro en el nombre de Jesús por el hombre que ahora mismo está fuera de su casa con la mujer ajena. Que toda venda sea quitada y que sus ojos sean abiertos. Oro por aquellos que están jugando con la tentación, que "recapaciten" en el nombre de Jesús, y se den cuenta de que están en peligro.

MUJER: NO CEDAS A LA TENTACIÓN

Shari

Mujeres, todo lo compartido por Daniel aplica tanto a hombres como a mujeres. El nivel de infidelidades en las mujeres a subido a cifras alarmantes. Las redes sociales han sido una vía para que las mujeres hayan estado tan expuestas. Comienzan a buscar al viejo novio o amigo, y luego por curiosidad e insatisfacciones personales comienzan a tener conversaciones; y de esa manera comienzan a envolverse emocionalmente con otro hombre. Mujer, aléjate de esa trampa, cuida tus emociones ¡y cuidado a quien prestas tus oídos!

Satanás sembró en Eva una semilla de insatisfacción. El Señor le había dicho: «Tienes todos estos árboles, pero de ese no comas». Satanás le hizo notar que ese árbol lucía más codiciable que todos los demás. Eva tenía para escoger, era una mujer próspera, tenía abundancia de todo. Sin embargo, Satanás siembra una semilla de insatisfacción en el corazón al decirle: «Si tan solo probases de ese árbol, tendrás más sabiduría, más conocimiento».

El enemigo solo tuvo que presentarle a Eva un árbol que parecía mejor que todos los otros que ella tenía. Era un árbol prohibido, uno que podía proveer lo que ella necesitaba. Debemos tener mucho cuidado con esas semillas de insatisfacción que se siembran en el corazón, porque traen consecuencias.

Esa semilla de insatisfacción se identifica constantemente cuando dicen «mi esposo no es como aquel, mis hijos no son como los de tal, si yo tuviera la casa o el carro que tienen ellos…». Se nota una constante insatisfacción con lo que se tiene.

No estoy diciendo que no anhelemos tener cosas mejores, pero cuando se siembra esa semilla de insatisfacción, así como con Eva, empiezas a buscar a tu alrededor cómo puedes llenarla. La semilla es insatisfacción, pero el fruto puede ser rebeldía, desobediencia y hasta pecado.

Cuidado con esas semillas de insatisfacción que se siembran en el corazón, porque traen consecuencias

Esa semilla de insatisfacción es muy peligrosa, porque no te permite valorar lo que el Señor te ha entregado. Esa mentira está todo el día tratando de infiltrarse en el corazón, no solo del esposo sino también de la esposa. Porque una vez que se sembró la semilla, llega la duda: «¿Lo que tendré es bueno y suficiente? Yo quiero algo mejor, tal vez puedo tenerlo, ¿seré yo lo suficiente?».

PRIMERO SEMILLA, AHORA RAÍZ

La historia de Eva continúa, y seguramente la conoces. Ella tuvo dos hijos, Caín y Abel. Estos hijos trabajaban sus tierras y llevaban al Señor sus mejores ofrendas. Pero dice la Palabra que la ofrenda de uno de ellos fue más agradable que la otra.

«Tiempo después, Caín presentó al SEÑOR una ofrenda del fruto de la tierra. Abel también presentó al SEÑOR lo mejor de su rebaño, es decir,

los primogénitos con su grasa. Y el SEÑOR miró con agrado a Abel y a su ofrenda, pero no miró así a Caín ni a su ofrenda. Por eso Caín se enfureció y andaba cabizbajo» (Génesis 4:3-5).

Hay un adjetivo particular que utiliza la Palabra cuando dice que la ofrenda de Abel fue «lo mejor de su rebaño». Pero el Señor no miró así a Caín ni a su ofrenda. Vio a la de Abel con agrado, no porque la vio mejor, o porque era mejor, simplemente le agradó más.

Ambos dieron ofrendas, pero uno de ellos no se esmeró lo suficiente. Tal vez pensó: «Yo solo voy a cumplir, esto es todo lo que tengo y de lo que tengo voy a sacar una parte». Sin embargo, el Señor está interesado en la actitud del corazón, en entender que lo que tienes es bueno, y de eso le das lo mejor al Señor. Dios sabía que Caín no había dado lo mejor ni lo primero, no porque no lo tenía, sino por que no lo valoraba. Dio una ofrenda, pero no representaba valor para él.

«Entonces el SEÑOR le dijo: "¿Por qué estás tan enojado? ¿Por qué andas cabizbajo? Si hicieras lo bueno, podrías andar con la frente en alto. Pero si haces lo malo, el pecado te acecha, como una fiera lista para atraparte. No obstante, tú puedes dominarlo"» (Génesis 4:6-7).

"Tú puedes dominarlo", implica que Dios quería trabajar algo en el carácter de Caín. La semilla de insatisfacción, igual que a Eva, lo había tocado. El celo, la envidia de ver el fruto de su hermano y creerse la mentira que era mejor lo dominó. Es mirar a tu alrededor y pensar: «Él es mejor» o «No estoy satisfecho con lo que tengo». Y optó por dar muerte a lo que entiende es la raíz de su problema: su hermano.

EL SEÑOR TE DICE: HAY UN CAMINO DE BENDICIÓN Y UN CAMINO DE MALDICIÓN

En otras palabras, el Señor te está diciendo «hay un camino de satisfacción y otro de insatisfacción». Tal vez estás sintiendo que no fue suficiente lo que hiciste o lo que diste, y es cierto; tal vez pudiste haberlo hecho mejor, sin embargo tienes la oportunidad de volver a comenzar. Y agrega: «No obstante, tú puedes dominarlo».

Caín, que representa nuestra carne, nuestro lado humano, termina matando a Abel, que representa el espíritu. La insatisfacción trae consecuencias. Ahora ya como raíz continúa en la descendencia, ya no era solo Eva, sino Caín.

Cuando Caín fue confrontado por Dios, le dijo: «*Por eso, ahora quedarás bajo la maldición de la tierra, la cual ha abierto sus fauces para recibir la sangre de tu hermano, que tú has derramado. Cuando cultives la tierra, no te dará sus frutos, y en el mundo serás un fugitivo errante*» (Génesis 4:11-12).

El Señor le quitó a Caín el fruto de su trabajo y un sitio estable para vivir. Y le dijo: «*A causa de lo que has hecho va a haber consecuencias: "No podrás alimentarte de la tierra, y vas a vivir errante"*». ¡Qué horrible! Ambas cosas son muy importantes para un hombre. La insatisfacción en el corazón hará que todo lo que siembres no dé buen fruto. De igual manera te hará sentir que no perteneces a ningún lugar. Entonces vemos la continuidad en la próxima generación.

Y dice la Palabra en Génesis 4:17-22: «*Caín se unió a su mujer, la cual concibió y dio a luz a Enoc. Caín había estado construyendo una ciudad, a la que le puso el nombre de su hijo Enoc. Luego Enoc tuvo un hijo llamado Irad, que fue el padre de Mejuyael. Éste, a su vez, fue el padre de Metusael, y Metusael fue el padre de Lamec. Lamec tuvo dos mujeres. Una de ellas se llamaba Ada, y la otra Zila.*

Ada dio a luz a Jabal, quien a su vez fue el antepasado de los que viven en tiendas de campaña y crían ganado. Jabal tuvo un hermano llamado Jubal, quien fue el antepasado de los que tocan el arpa y la flauta. Por su parte, Zila dio a luz a Tubal Caín, que fue herrero y forjador de toda clase de herramientas de bronce y de hierro. Tubal Caín tuvo una hermana que se llamaba Noamá».

Con el pasar del tiempo, dentro de la genealogía de Caín, en la línea sexta, hay un hombre que se llama Lamec, que tiene la misma raíz de insatisfacción que Eva y que Caín. Él dijo: «Una mujer no es suficiente para mí, voy a tener dos». Este es el primer hombre en la humanidad que decide tener dos esposas.

He escuchado muchas prédicas diciendo que en el Antiguo Testamento estaba permitido tener más de una esposa. Eso no es cierto. Desde el principio el Señor estableció una sola mujer y un solo hombre. Ese fue su plan original. Pero el pecado empieza a parecer que el hombre necesita una mujer más. Y esto no tiene nada que ver con multiplicar la tierra, porque Adán y Eva lo estaban haciendo muy bien solitos. Adán y Eva fueron fieles el uno al otro y continuó una descendencia a través de ellos.

LAMEC: UN NOMBRE CON DOS HISTORIAS

Daniel

Anteriormente hablábamos del vigor del hombre, que no debe usarlo con la mujer ajena, y cómo Satanás quiere robar el vigor del hombre. Es interesante entender que Lamec significa vigoroso. La descendencia de la línea de Caín estaba sembrada con esa misma insatisfacción, y encontramos a un Lamec que está entregando su vigor, no solo a una mujer sino a dos. Y de esa manera marca un estándar de vida, abre una puerta para otras generaciones.

Shari

La descendencia de Lamec fue la siguiente: tuvo dos hijos con una esposa y dos con la otra esposa. Pero lo interesante de todo esto está en los versículos 23 y 24:

«Lamec dijo a sus mujeres Ada y Zila: "¡Escuchen bien, mujeres de Lamec! ¡Escuchen mis palabras! Maté a un hombre por haberme herido, y a un muchacho por golpearme. Si Caín será vengado siete veces, setenta y siete veces será vengado Lamec"».

Estas son las características engendradas generacionalmente desde Caín, la insatisfacción y violencia. De esta generación salen hombres que se mudaron de lugar en lugar y terminaron viviendo errantes. Sin embargo dice la Palabra que de ellos se levantaron músicos, herreros, pastores de ganado.

Dios necesitaba crear un linaje de donde vendría el Mesías. Una nueva generación. Así que Dios les da a Adán y Eva un nuevo hijo que se llama Set, a través de quien viene la descendencia de Jesús.

Pero, mira lo que sucede. Dentro de la descendencia de Set hay otro Lamec. Interesante, ¿verdad?

«Lamec tenía ciento ochenta y dos años cuando fue padre de Noé. Le dio ese nombre porque dijo: "Este niño nos dará descanso en nuestra tarea y penosos trabajos, en esta tierra que maldijo el Señor". Después del nacimiento de Noé, Lamec vivió quinientos noventa y cinco años más, y tuvo otros hijos y otras hijas» (Génesis 5:28-30).

En dos genealogías de hermanos, hay dos Lamec, dos hombres vigorosos. Uno optó caminar en violencia, tener dos mujeres, vivir una vida de insatisfacción. Y el otro Lamec, un hombre también vigoroso que reconoce su necesidad del Señor, a quien le pide que le dé un hijo que pueda cambiar su descendencia y su generación, un hombre que les diera alivio.

Debemos reconocer que por las malas decisiones, como las que cometió Caín, estamos viviendo tiempos difíciles.

Sin embargo, el segundo Lamec desató la genealogía de Noé. Este Lamec decidió bien, y a partir de esa decisión Dios dijo «voy a crear todo nuevo». Entonces surge la historia del diluvio. Pero todo fue a causa de un hombre vigoroso, Lamec, que dijo: «Queremos un cambio. Necesitamos algo nuevo en esta generación».

Así que ¡arranca toda raíz! Los buenos cambios en una generación comienzan cuando uno de sus miembros siente la necesidad de que las cosas comiencen a funcionar saludablemente. Lo saludable crece. Que la única insatisfacción que te toque sea una divina. Solo una insatisfacción divina nos lleva al cambio y a construir una nueva generación.

Daniel

Si estás leyendo estas páginas y sabes que has fallado, has jugado con pensamientos de insatisfacción y hasta hubo infidelidad, arrepiéntete. Creo en un Dios de misericordia, de bondad, de amor, pero también creo que el dolor es inevitable, y si hay hijos de por medio, es más fuerte todavía.

Dios te ama y tiene el poder para restaurar todas las cosas, y te dará una nueva oportunidad para que sigas adelante, para que puedas levantarte y volver a tu estado original. El tiene el poder para sanar tu corazón. Si en tu caso todavía no has perdonado, es tiempo de hacerlo. Tu matrimonio va a avanzar hasta donde ustedes le permitan. No se rindan.

TRES PUNTOS IMPORTANTES PARA EL CUIDADO DE TU MATRIMONIO

Daniel

Dios nos indica cómo cuidar nuestro matrimonio, para no vivir insatisfechos y ser agradecidos de «lo bueno y en gran manera» que Él nos ha dado. Para ello quiero que reconozcas tres puntos básicos:

1.	**Disfruta de lo que Dios te ha dado.**

¡Ella es lo mejor y fue hecha para ti! Proverbios dice: «*¡Goza con la esposa de tu juventud!*» (5:18). Tal vez mientras lees esto dices: «Es que mi esposa ya no tiene la misma edad que cuando nos casamos». Pero esa expresión de juventud se refiere a mantener siempre fresco y vivo el amor, el romance y la pasión; que sea innovador y creativo.

El romance no se acaba cuando llegan los hijos o cuando se van de la casa. El romance siempre se mantiene vigente. Siempre tienes que buscar la manera de mantener el amor vivo y fresco.

Él tiene el poder para sanar tu corazón. Si en tu caso todavía no has perdonado, es tiempo de hacerlo

Es como permanecer regando una planta para que crezca y se mantenga espléndida y fructífera. Tienes que ser agradecido y estar satisfecho con lo que Dios te ha dado, que es lo mejor para ti.

Mira lo que dice Proverbios 5:15-19: «*Bebe el agua de tu propio pozo, el agua que fluye de tu propio manantial. ¿Habrán de derramarse tus fuentes por las calles y tus corrientes de aguas por las plazas públicas? Son tuyas, solamente tuyas, y no para que las compartas con extraños. ¡Bendita sea tu fuente! ¡Goza con la esposa de tu juventud! Es una gacela amorosa, es una cervatilla encantadora. ¡Que sus pechos te satisfagan siempre! ¡Que su amor te cautive todo el tiempo!*».

Dios te está dando permiso para que disfrutes de la mujer perfecta que te ha dado, que es buena y suficiente, para que te deleites en ella, y que sea el pozo de donde tú recibas deleite. Dios creó el sexo para el deleite de ambos en el matrimonio.

Lo creó puro. Es la máxima expresión de amor dentro del matrimonio. El amor y el sexo van de la mano, ya que el amor es el filtro que permite que tu cónyuge en medio del acto sexual se sienta valorada (o), amada (o) y deseada (o).

2. Invita a Dios a tu intimidad.

Dios te hace sentir lo que está bien y lo que no está bien. Siempre oigo testimonios de los recién casados que dicen: «La primera noche de la luna de miel, antes de conocernos íntimamente, decidimos arrodillarnos para orar y presentar nuestro matrimonio ante Dios». Eso es lo más hermoso que una pareja puede hacer.

Nosotros también lo hicimos. Porque es decirle al Señor: «Aquí está todo. Queremos tu presencia. Tú que creaste esto, puedes estar presente en lo que creaste, y recibimos tu permiso de deleitarnos en lo que tú formaste. Pero que también tu presencia aleje todo lo que pueda estar fuera de orden, aquello que pueda ser nocivo o irrespetuoso para nosotros». Veo eso hermoso, y ojalá que la gente lo pueda entender así.

Invitar a Dios a tu intimidad trae pureza, disipa toda semilla de insatisfacción y fortalece los lazos de amor.

3.   Aléjate y crea muros de protección.

El mandato que Dios da es sencillo y claro: «Aléjate de lo que no te conviene». Establece límites y pon líneas de protección. Evita conversaciones que puedan ligarte emocionalmente. Si desde ahora puedes tener todos estos avisos claros en tu mente y en tu corazón, podrás evitar construir de manera equivocada. Podemos levantar un muro en las partes que están descubiertas y desguarnecidas, en las áreas débiles.

Tenemos que reconocer que dentro del matrimonio habrán áreas débiles. Pero así como Nehemías, podemos observar y mirar de antemano cuáles son esos lugares dentro de la estructura de nuestra casa en construcción que están débiles, descubiertos o tal vez derrumbados, para así poder cubrir y reconstruir.

Lucha por tu esposa, lucha por tu esposo, lucha por tus hijos. Creo que es tiempo de levantarse y luchar. Observa cuáles son las áreas descubiertas para levantar muros firmes que puedan traer prevención. Si estos muros o fundamentos no fueron hechos de la mejor manera, o la construcción de tu hogar se ha venido abajo, y estás apenas levantando y reconstruyendo, con el Señor puedes reconstruir nuevamente.

La Palabra dice en Isaías 61:4 que aquellos cimientos, aquellos muros que se habían venido abajo, Él los levanta nuevamente. El Señor nos da palabra de prevención, pero también de reconstrucción. Es cierto, tal vez sea un proceso largo y trabajoso el reconstruir, pero lo más importante es que comiences.

Estoy convencido de esto: el que comenzó tan buena obra en ustedes la irá perfeccionando hasta el día de Cristo Jesús.

(Filipenses 1:6)

LA FUENTE DE SATISFACCIÓN

Shari

Un día estaba conduciendo por una autopista y vi algunos carteles de publicidad con distintos anuncios, entre ellos estaba la publicidad de una mujer con un cuerpo hermoso y deslumbrante, y me quedé mirando. Entonces pensé: «Cuando era más joven, era mas bonita, pero cuando los años comiencen a pasar… ¿qué sucederá? Ya no seré joven… Primero cuarenta, luego cincuenta, sesenta y así sucesivamente».

Mi mente empezó a correr, entonces volví a ordenar mi pensamiento y dije: «No puedo competir con el ataque constante que hay en la televisión y en la publicidad. Señor, ¡guarda a mi esposo!». Muchas veces, como mujeres creemos que la fidelidad tiene que ver con nuestra belleza o con lo que podemos ofrecer. Pero dice la Palabra del Señor que la belleza física es pasajera, así que llegará un punto en que ni siquiera eso será lo suficiente.

Pero la belleza interna es para siempre, y por alguna razón divina esta belleza interna siempre hermoseará la belleza física aun al pasar de los años. Entonces el Señor me dijo: «Yo tengo la capacidad de llenar todas sus necesidades. Y tu mejor deseo debe ser que Daniel esté apegado a Mí». Así entendí que mi garantía de fidelidad no era mi físico, mi edad o ni siquiera cuánto me ama Daniel, sino su amor y temor al Señor viviendo una vida apegada a Él.

«Jesús se enteró de que los fariseos sabían que él estaba haciendo y bautizando más discípulos que Juan. Por eso se fue de Judea y volvió otra vez a Galilea. Como tenía que pasar por Samaria, llegó a un pueblo samaritano llamado Sicar, cerca del terreno que Jacob le había dado a su hijo José. Allí estaba el pozo de Jacob. Jesús, fatigado del camino, se sentó junto al pozo. Era cerca del mediodía. Sus discípulos habían ido al pueblo a comprar comida. En eso llegó a sacar agua una mujer de Samaria, y Jesús le dijo: —Dame un poco de agua» (Juan 4:1-8).

Invitar a Dios a tu intimidad trae pureza, disipa toda semilla de insatisfacción y fortalece los lazos de amor

Todos los que conocemos la historia sabemos que no había ningún tipo de comunicación entre los judíos y los samaritanos. Era muy poco común ese tipo de diálogo. Sin embargo Jesús, que no hace distinción de personas, sabía que necesitaba tener una conversación con ella, necesitaba marcar a todo un pueblo pero además dejar principios de vida para nosotros. Entonces continúa diciendo:

«Pero como los judíos no usan nada en común con los samaritanos, la mujer le respondió:

—¿Cómo se te ocurre pedirme agua, si tú eres judío y yo soy samaritana?

—Si supieras lo que Dios puede dar, y conocieras al que te está pidiendo agua —contestó Jesús—, tú le habrías pedido a él, y él te habría dado agua que da vida.

—Señor, ni siquiera tienes con qué sacar agua, y el pozo es muy hondo; ¿de dónde, pues, vas a sacar esa agua que da vida? ¿Acaso eres tú superior

a nuestro padre Jacob, que nos dejó este pozo, del cual bebieron él, sus hijos y su ganado?

—Todo el que beba de esta agua volverá a tener sed —respondió Jesús—, pero el que beba del agua que yo le daré, no volverá a tener sed jamás, sino que dentro de él esa agua se convertirá en un manantial del que brotará vida eterna.

—Señor, dame de esa agua para que no vuelva a tener sed ni siga viniendo aquí a sacarla» (Juan 4:9-15).

El agua tiene la capacidad de calmar nuestra sed, sin embargo es necesario beberla para obtener sus beneficios y sus resultados. Tener conocimiento acerca del agua o contemplarla, no es suficiente. Tenemos que beberla para experimentar que calma nuestra sed.

Tal vez la samaritana había escuchado acerca de esa agua viva, pero no la había experimentado todavía. Tener sed es una necesidad. El experimentar la boca seca es una insatisfacción, pero al beber el agua recibimos satisfacción.

Quizá durante muchos años esta mujer estaba viviendo en insatisfacción. Probablemente ha tratado de beber del agua que pensaba que podía suplir algo, pero nada la saciaba. Pero al ver esa necesidad, Jesús le dijo:

—Ve a llamar a tu esposo, y vuelve acá —le dijo Jesús.

—No tengo esposo —respondió la mujer.

—Bien has dicho que no tienes esposo. Es cierto que has tenido cinco, y el que ahora tienes no es tu esposo. En esto has dicho la verdad» (Juan 4:16-18).

Esta mujer había vivido tan insatisfecha por tantos años que había creído que la forma de satisfacerse ese sentimiento era ir de esposo en esposo. Aunque hoy vivimos en otro tiempo, rodeada de confort y seguridades, tal vez hayas vivido sedienta e insatisfecha por muchos años, has entendido que nuestra satisfacción no depende de un hijo, de un esposo, del dinero ni de un trabajo. Nada de eso puede saciar nuestra sed.

Pero a través de esta historia, el Señor nos está enseñando que cuando sentimos insatisfacción y merodeamos en ese pensamiento, es necesario que bebamos de esta agua para no volver a tener sed jamás. No hay forma de vivir complacidos, sintiéndonos llenos y aún agradecidos si no nos alimentamos de la fuente correcta. Nuestra relación con el Padre debe ser algo de todos los días. Él es nuestro amigo y desea pasar tiempo con nosotros. A Jesús, le gusta que agendemos el tiempo todos los días para relacionarnos con Él.

CUIDA TU «DIETA ESPIRITUAL»

Shari

Cuando escucho que una pareja cristiana se divorció o tal ministro cristiano cayó en pecado, me alarmo, entonces me pregunto ¿cómo alguien que ama a Dios, en un día, en un momento, puede olvidarse de todo lo que representa? Entonces el Señor habló a mi corazón y dijo: «La mayoría de las veces, esto ocurre porque están secos y vacíos espiritual y emocionalmente de mí y de todo lo que Soy y represento».

Por general, las personas que han caído en la infidelidad y lo inmoral no fue de la noche a la mañana. Son personas que perdieron el apetito por lo moral, por lo correcto, lo íntegro, por Dios, y aumentaron su apetito por el pecado, por lo que alimentaban su carne egoísta sin medir el daño que le hacían a su familia. Debemos preguntarnos: ¿Por qué cosas hemos desarrollado apetito? Hoy es un buen día para reenfocar nuestro apetito.

En su Palabra Jesús dice: *«Yo soy el pan de vida. El que a mí viene nunca pasará hambre, y el que en mí cree nunca más volverá a tener sed»* (Juan 6:36).

Al hablar de esto con mis hijos y tratar de explicarles esta verdad, les decía: «¡Hijos, qué feo se siente estar unas horas sin comer! Imagínense ir a dormir sin haber cenado o levantarte con hambre, no desayunar y tener que ir con el estomago vacío a un partido de fútbol». Ellos me respondieron: «Mamá, así no se puede estar. No hay forma de ganar el partido».

Es que si andamos vacíos y pasamos una mañana sin haber comido de su Palabra, pero no nos damos cuenta y seguimos adelante, cuando llegue ese proceso difícil, esa batalla que debemos librar, nuestros estómagos espirituales estarán vacíos y nos sentiremos débiles.

No se trata de ser súper hombres o súper mujeres. Todos tenemos la capacidad de pecar porque hay en nosotros una naturaleza pecaminosa. Lo que aprendemos de Cain y Abel, es que Caín era dado a la carne, a satisfacerla. Pero Abel era dado al espíritu. Sin embargo, en un segundo la carne mató al espíritu.

En nuestro interior hay un Caín y un Abel. Si andamos por la carne tenemos la capacidad de matar lo espiritual. No hay forma de seguir en el matrimonio cuando andamos hambrientos espirituales y tenemos nuestro tanque vacío, ya que el compromiso necesita lo mejor de nosotros. Debemos saber que a todos nos llega el momento de la tentación, de la crisis, y debemos saber que alguien debe operar, ¿la carne o el espíritu?

Jesús dijo: *«Mi alimento es hacer la voluntad del que me envió y terminar su obra»* (Juan 4:34). Cristo es nuestra comida. Él es la única forma de mantenernos vivos y saludables espiritualmente.

Cuando Jesús se encontró con la mujer samaritana, sus palabras pretendían llevar a la mujer a reflexionar acerca de su vida y confrontarla con su vacío interior, el cual ella intentaba llenar a través de las relaciones.

Mujer, nuestros hijos no tienen la capacidad de llenar nuestro vacío. Tampoco nuestros esposos. Cuando entendemos eso, descubrimos que necesitamos urgentemente estar entregados a Su Palabra, estar alimentados de Jesús. Ya no depende de que luchemos en nuestra carne, sino que podamos pasar el paseo del matrimonio apegados a la Palabra.

Cuando Caín pecó, ante las consecuencias de sus malas decisiones, decidió salir voluntariamente de la presencia de Dios. Caín renunció a buscar a Dios. Sin embargo, cuando nació Set, el hombre volvió a tener relación con Dios. No hay forma de continuar nuestro camino si no apegamos nuestra vida al Padre. *«Y las manos humanas no pueden servirlo, porque él no tiene ninguna necesidad. Él es quien da vida y aliento a todo y satisface cada necesidad»* (Hechos 17:25 NTV). Dios es quien satisface toda necesidad.

Tal vez te sientas seca/o como esa mujer samaritana. Tal vez has buscado en lugares incorrectos, en relaciones que han traído mas vacío. Quizá has querido llenar tus vacíos a través de tu cónyuge, tus hijos y tu casa, pero esos vacíos espirituales solamente los llena el Padre.

No hay forma de vivir complacidos, sintiéndonos llenos y aún agradecidos si no nos alimentamos de la fuente correcta

Declaro en el nombre de Jesús: *«El SEÑOR te guiará siempre; te saciará en tierras resecas, y fortalecerá tus huesos. Serás como jardín bien regado, como manantial cuyas aguas no se agotan»* (Isaías 58:11).

Mi oración es que puedas tener sabiduría de lo alto para entender que el agua que brota de Jesús, puede saciar tu vida y tu corazón.

Permite que Dios sea el agua que refresque tu matrimonio.

Consejos para reflexionar

- *Lamentablemente hay muchas personas luchando con el pensamiento: «¿Tendré lo bueno y suficiente?»*

- *Antes de que el pecado sea ejecutado, primero va rondando por tu mente hasta que finalmente se sembró la semilla.*

- *Mis amigos varones, no crean que la tentación se les va a presentar fea.*

- *Dios nos dio un mandato: «Aléjate, literalmente aléjate, no negocies, no escuches. Aléjate de lo que es adúltero y de lo que no te conviene. No coquetees con eso».*

- *El maligno le hizo creer a Eva que todo iba a estar bien, pero no le dijo las consecuencias que hasta ahora estamos acarreando en este mundo.*

- *Esa raíz de insatisfacción es muy peligrosa, porque no te permite valorar lo que el Señor te ha entregado.*

- *Lucha por tu esposa, lucha por tu esposo, lucha por tus hijos.*

- *El Señor nos da palabra de prevención, pero también de reconstrucción. Es cierto, tal vez sea un proceso largo y trabajoso el reconstruir pero lo más importante es que comiences.*

- *Arranca de raíz toda insatisfacción y construye un hogar saludable.*

- *Aliméntate de la fuente correcta.*

- *Jesús quiere calmar tu sed.*

LA CONSTRUCCIÓN
REQUIERE COMPROMISO

Daniel

¿Sabes por qué el anillo de compromiso se usa en el cuarto dedo? Existen varias leyendas, pero esta es mi favorita. Es una enseñanza que me va a ayudar a explicarlo de manera bonita, práctica y muy convincente.

Si miramos nuestras manos podemos ver nuestros dedos y representar en ellos a las personas que amamos y que están siempre cerca nuestro. El pulgar representa a los padres. El índice representan los hermanos y amigos. El dedo medio te representa a ti mismo. El dedo anular (cuarto dedo) representa a tu pareja y el dedo meñique representa a los hijos.

Acompáñame a realizar un ejercicio que nos ayudará a entender de manera práctica esta enseñanza. ¡Vamos, necesito de tu espontaneidad...!

Junta las palmas de tus manos una contra la otra, después, une los dedos medios de forma que queden nudillo con nudillo. Luego intenta separar de forma paralela tus pulgares, que representan a los padres, y notarás que se abren porque tus padres no están destinados a vivir contigo toda la vida. Únelos de nuevo.

Ahora intenta separar los dedos índices, que representan a tus hermanos y amigos. Notarás que también se abren, porque ellos se van, y tienen destinos diferentes al tuyo, como casarse y tener sus propios hijos.

Intenta ahora separar de la misma forma los dedos meñiques, que representan a tus hijos. Estos también se abren porque tus hijos crecerán y se irán a emprender sus propias vidas. Únelos de nuevo.

Finalmente, trata de separar tus dedos anulares. ¿Recuerdas que el cuarto dedo representa a tu pareja, al matrimonio? Te sorprenderás al ver que simplemente no puedes separarlos. Eso se debe a que una pareja está destinada a estar unida hasta el último día de su vida, y es por esa razón que el anillo se usa en este dedo manifestando el compromiso de mi unión.

Compromiso se define como: «Una persona que se encuentra comprometida con aquello que se ha propuesto o que le ha sido encomendado. Es una obligación y responsabilidad contraída». Es decir, alguien que vive, planifica y construye con tal de conseguir sacar adelante un proyecto que tiene valor, la familia, un trabajo o sus estudios.

Si hay algo por lo cual Dios nos va a pedir cuentas es por nuestra familia y matrimonio. Porque es una encomienda que Él nos ha dado y que nosotros voluntariamente en el altar un día tomamos la decisión de comprometernos e hicimos un pacto de cuidar de nuestro cónyuge. En otras palabras, Dios confía en que tú vas a hacer un buen trabajo con lo que te ha entregado.

Cuando uno se casa, promete: «Estaré contigo en la salud, en la enfermedad, en las riquezas, en la pobreza». Dios confía en que se van a cuidar mutuamente en toda situación. Tan fuerte es el amor que no solamente depende de lo que sentimos, sino de la decisión que hemos tomado.

UN AMOR MÁS INCONDICIONAL QUE NUNCA

Recuerdo cuando le dije a Shari: «Decido amarte, tú eres lo que yo estaba esperando, tú eres el regalo que Dios tenía para mí». Cuando decidí amar a Shari le dije: «Decido comenzar un viaje contigo para conocerte y enamorarme de ti. Quiero saber cómo eres tú y cómo nos podemos complementar. Eso implica que yo voy a cuidar de ti y que todas mis puertas estarán cerradas para cualquier otra mujer. Desde ahora en adelante serás todo lo que yo mire, todo lo que yo piense, todo mi cuidado y atención será para ti. Me comprometo a cuidarte».

Dios confía en tus manos este proyecto llamado familia, pero requiere de tu compromiso para llevarlo a cabo. Para mí es muy importante contarte esta parte de mi historia, porque yo tomé una decisión. Esta es mi vida. Estoy muy comprometido. Esto es lo que hago. Esto es lo que soy. Para escribir estas palabras que hablan de compromiso de ninguna manera es porque he podido solo, ha sido gracias a la ayuda del Espíritu Santo, quien me ayuda a guiar mis emociones, me recuerda todos los días mi compromiso, dirige cada palabra y me recuerda mis limites.

Decido amarte, tú eres lo que yo estaba esperando, tú eres el regalo que Dios tenía para mí

Necesito de Jesús todos los días y estar conectado a su fuente. Es por eso que cada vez que voy a ministrar tengo que revisar mi corazón y el de mi esposa, y pedirle perdón si hice algo que la haya incomodado. Puedo tener diferencias con Shari, pero eso no implica que puedo dañar mi compromiso de mantener la paz entre Dios y nosotros, y el amor que tenemos.

He leído un libro que me conmovió mucho, se llama *El desafío del amor para padres* y decía lo siguiente: «Dios hizo a tus hijos y vio el final de ellos, pero te los entrega a ti para que tú los formes hasta llegar a hacerlos como Él ya los vio».

La herramienta que usarás para sacar lo mejor de tu familia se llama amor. De una manera similar; ya Dios vio lo que va a hacer con mi esposa, desde antes que yo apareciera en la historia, pero me la entregó, para ayudar a llevarla a su máximo potencial por lo cual Dios la creó. Eso se logra con compromiso y amor.

¿A DÓNDE VAN TUS FLECHAS?

Un día tuvimos una conversación con nuestro hijo mayor cuando tenía doce años de edad, había hecho algo incorrecto y justo yo acababa de terminar de leer este libro. Entramos en su habitación donde nos estaba esperando sentado con su carita metida entre sus rodillas y algo nervioso porque no sabía lo que nosotros le diríamos.

Le tomé la mano a Shari, nos sentamos frente a él y le dijimos: «*Queremos que sepas que no importa lo que tú hagas, nuestro amor por ti no va a cambiar, nuestro amor se mantiene igual. Quiero que sepas que no importa lo que pase, nosotros te amamos mucho; nuestro amor es tan fuerte que sobrepasa el enojo. Un día nos comprometimos a velar por ti, a sacarte adelante, y siempre habrá un perdón activo hacia ti*".

Al instante nuestro hijo comenzó a llorar, porque el amor lo derritió. Dios no dijo que esto sería un proyecto fácil, pero prometió que estaría

con nosotros. Que vendrían algunos momentos desafiantes y otros felices, pero que Él no nos abandonaría. Mi compromiso es reflejar el amor de Dios y cuidarlos.

Es sencillo comprometerse bajo una atmósfera espiritual durante una reunión en la iglesia, porque se siente todo en paz. Pero Dios dice que el compromiso también es afuera de esta atmósfera espiritual, cuando realmente te enojas, cuando quieres hablar lo primero que viene a tu carne, ahí debes recordar tu compromiso.

La familia es uno de los tesoros y proyectos más grandes que tenemos, y para cuidarla saludablemente requerirá nuestro amor y compromiso. El Salmo 127 dice: *«Los hijos son una herencia del Señor, los frutos del vientre son una recompensa. Como flechas en las manos del guerrero son los hijos de la juventud. Dichosos los que llenan su aljaba con esta clase de flechas…* (v. 3-5).

Tus hijos y tu cónyuge no son cualquier cosa. Dios te dio una hermosa familia, son personas valiosas que Dios los compara en este pasaje con flechas de propósitos. La pregunta es: ¿Hacia dónde estás lanzando esas flechas llamadas familia, hijos y matrimonio?

Tu compromiso debe ser tan fuerte que digas: *«Este compromiso por amor va por encima de cualquier enojo que pueda tener, y por encima de mis emociones y de lo que vea; estoy comprometido a sacar lo mejor de ustedes».* Dios te dice: *«Hijo, hija, te amo tanto, que me deleito en verlos amarse. Yo los uní».*

Shari

El compromiso es una decisión acompañada de acción. La decisión de ese compromiso comienza desde ese día en que la pronunciaste. Tu acción diaria demuestra el compromiso que tienes con tu casa y tu familia. Leíamos que el compromiso es cuando tienes una responsabilidad u obligación de construir o levantar, ya sea tus estudios, o en este caso, tu matrimonio. Todo el tiempo, el dinero, esfuerzo y el corazón que inviertes, reflejan tu compromiso.

¿Hacia dónde estás lanzando esas flechas llamadas familia, hijos y matrimonio?

LA HISTORIA DE MOISES Y SÉFORA

La Palabra relata que el Señor acababa de darle instrucciones a Moisés acerca de lo que debía hacer con respecto al pueblo que estaba en cautividad, y al escuchar las directrices, Moisés comenzó a excusarse diciendo: «pero yo no sé hablar, tengo dudas... no sé si podré». El Señor estaba marcando su vida con una Palabra, con una promesa, con un llamado.

El capítulo 3 del libro de Éxodo inicia con una conversación muy personal entre Dios y Moisés. Allí el Señor le muestra todo su poder y autoridad que lo iba a acompañar. Luego de esa conversación, la Palabra dice: *«Así que Moisés tomó a su mujer y a sus hijos, los montó en un asno y volvió a Egipto. En la mano llevaba la vara de Dios»* (Éxodo 4:20).

Después de las instrucciones recibidas y de comprender que él tenía un propósito que el Señor le había delegado, Moisés va rumbo a Egipto junto a sus hijos y a su esposa, y llevaba consigo la vara, que representaba la autoridad, el llamado, el ministerio.

Y luego continúa diciendo: *«Ya en el camino, el Señor salió al encuentro de Moisés en una posada y estuvo a punto de matarlo. Pero Séfora, tomando un cuchillo de pedernal, le cortó el prepucio a su hijo; luego tocó los pies de Moisés con el prepucio y le dijo: "No hay duda. Tú eres para mí un esposo de sangre". Después de eso, el Señor se apartó de Moisés. Pero Séfora había llamado a Moisés "esposo de sangre" por causa de la circuncisión»* (Éxodo 4: 24-26).

De esta historia podemos sacar varias enseñanzas aplicables al matrimonio, y mientras las relate, entrelazaré un par de ellas.

El Señor nos quería mostrar algo de este proceso. Moisés había recibido instrucciones, y las estaba cumpliendo. Sin embargo, la Palabra dice que el Señor sale al encuentro para matarlo, pero que Séfora, su esposa, reaccionó tomando un cuchillo de pedernal y circuncidando a su hijo.

Luego tomó el prepucio y tocó sus pies. Hay otra versión que dice que «lo arrojó» a los pies de su esposo, y le dijo que «él era su esposo de pacto de sangre para ella».

Al leer esta historia reflexionaba y me preguntaba: «Señor, ¿qué es lo que está pasando en esta historia? Tú le das una instrucción a tu escogido Moisés, ya que tienes planes para él, pero en el proceso, cuando da el primer paso para cumplir su llamado al ministerio, ¿sales a su encuentro a matarlo? ¡No entiendo!».

Moisés iba a predicar sobre el pacto que el Padre había hecho con Abraham, a retomar nuevamente la promesa, a enseñar acerca de la circuncisión, que representaba el «pacto», el compromiso entre el hombre y Dios. La circuncisión era una forma de quitar algo que estaba impuro, era una marca física en el cuerpo del hombre, para demostrar que había un compromiso genuino con el Señor.

Hoy en día, nuestra circuncisión se realiza en el corazón, allí está lo impuro. Cuando le entregamos nuestra vida a Dios, hacemos un pacto con Él y circuncidamos nuestro corazón. Sin embargo por las razones que fueran, uno de sus hijos no estaba circuncidado todavía, algunos teólogos piensan que fue por la corta edad y ya necesitaban ir rumbo a Egipto. Otros opinan que era por Séfora al ser madianita y no creer en la circuncisión.

Pero la realidad es que Moisés iba a predicar algo que todavía no estaba aplicando en su propia casa, es por eso que el Señor salió a su encuentro, a matarlo. Séfora se da cuenta de esto y tomó autoridad y decidió circuncidar a su hijo, y cuando lo hace, el ángel desapareció y no hirió a Moises.

¡Ella le salvó la vida! Entonces podemos entender que lo que hizo Séfora era la solución. Ella hizo lo que se suponía que le tocaba hacer a él. Nuestro compromiso va más allá de palabras, es la acción de conducir a todos de nuestra familia a vivir lo que predicamos. Nuestras desiciones y acciones muestra nuestro nivel de compromiso.

Moises se olvidó llevar consigo el cuchillo de pedernal que era usado para cortar lo impuro. Para construir nuestra casa, no solamente es necesario tener la vara ministerial, sino también el cuchillo, para estar dispuestos a circuncidar y limpiar aquellas áreas que no están en orden.

Me imagino que Séfora, llena de sabiduría, y como toda mujer, andaría con un bolso grande.... ¡Esa es mi versión! Séfora habrá pensado: «Moisés se llevó la vara, pero yo, por las dudas, voy a poner el cuchillo en mi cartera, porque en esta familia hay cosas que resolver». Séfora termina llamando a Moisés «esposo de sangre» sin duda alguna por causa de la circuncisión. Creo que el corazón de ella sintió la tranquilidad de ver a Moisés comprometido no solo con sus hijos sino con ella como esposa.

AMA COMO JESÚS AMÓ

Esposos, amen a sus esposas, así como Cristo amó a la iglesia y se entregó por ella para hacerla santa. Él la purificó, lavándola con agua mediante la palabra, para presentársela a sí mismo como una iglesia radiante, sin mancha ni arruga ni ninguna otra imperfección, sino santa e intachable. Así mismo el esposo debe amar a su esposa como a su propio cuerpo. El que ama a su esposa se ama a sí mismo, pues nadie ha odiado jamás a su propio cuerpo; al contrario, lo alimenta y lo cuida, así como Cristo hace con la iglesia, porque somos miembros de su cuerpo. «Por eso dejará el hombre a su padre y a su madre, y se unirá a su esposa, y los dos llegarán a ser un solo cuerpo». Esto es un misterio profundo; yo me refiero a Cristo y a la iglesia. En todo caso, cada uno de ustedes ame también a su esposa como a sí mismo, y que la esposa respete a su esposo.

(Efesios 5:25-33)

Amo a mi esposo Daniel, y no por el talento que Dios le ha dado, sino por su corazón y su compromiso con nosotros. Vivo enamorada de él, no por el hombre que es en el altar, sino por el hombre que es en casa, el que nadie ve, el que vive buscando cómo hacernos felices todos los días. Amo y respeto su liderazgo porque refleja a Jesús.

Reconozco que soy la mujer que soy por Dios y porque Daniel me ha dedicado tiempo. Cuando he tenido temor de hablar en público, él me a dicho: «Tú puedes, no tengas temor Shari». Cuando he creído que como mamá no era lo suficiente, él me decía: «¡Tú eres la mejor!». Cuando he sentido desánimo, él me fortaleció a través de la Palabra.

Hoy soy la mujer que soy, porque tengo un hombre a mi lado que ha decidido invertir tiempo en mi vida espiritual. Porque busca momentos para orar por mí y afirmarme.

Esposo, tienes a tu lado la esposa en la que has invertido. Así que no digas "Señor, esta mujer que me diste...". Año tras año el Señor le ha dado al hombre el privilegio de ir afirmando el corazón de su esposa.

Esposo, dedicar tiempo a dirigir, limpiar y a arreglar áreas de nuestro matrimonio nos hace sentir bien a las esposas, ya que demuestra que tienes un compromiso con tu hogar. Es una acción de responsabilidad.

Si tú como hombre, o como mujer, conoces que hay áreas de tu matrimonio que necesitan arreglo, tienes todo el apoyo de Dios para lograrlo. Dios nos ha llamado a circuncidar y a quitar del matrimonio aquellas áreas que no están en orden.

> *Hoy soy la mujer que soy, porque tengo un hombre a mi lado que ha decidido invertir tiempo en mi vida espiritual*

ARROZ, FRIJOLES, POLLO Y PLATANITOS, ¡UNA GRAN ENSEÑANZA!

Daniel

La Palabra dice que *«si tu mano o tu pie te es ocasión de caer, córtalo y échalo de ti; mejor te es entrar en la vida cojo o manco, que teniendo dos manos o dos pies ser echado en el fuego eterno»* (Mateo 18:8 RVR60).

Esto se aplica muy bien al matrimonio, porque Dios está diciendo: «Dense cuenta de todos los años que han construido juntos, no los vayan a desperdiciar por una pequeña cosa que se ha vuelto un problema grande. En vez de afectar toda una vida de felicidad, pónganse a pensar en todo lo que han construido, cómo han llevado a sus hijos adelante. Acuérdate cuando se conocieron, cuando comenzaron. ¿Cómo van a perder tantos años de construcción y de bendición por una pequeña y sola cosa?».

Me gustan mucho los plátanos maduros, y en Puerto Rico los cocinamos como acompañamiento para el arroz. Cerca de casa, a un costado de la carretera, hay un pequeño puesto de frutas y vegetales que los venden como me gustan: ¡extremadamente maduros! Cuando las personas que atienden el lugar me ven llegar, me dicen: «Daniel, ¿cómo estás? Aquí tengo tus plátanos». Y yo digo: «Sí, esos son los que quiero». Y se los llevo a Shari.

Los plátanos que llevo están casi podridos de tan maduros (¡no se asusten!), sin embargo, cuando Shari me sirve mi buen plato de arroz, con frijoles, pollo, y mis platanitos con mantequilla es una delicia para mí. Mi plato se ve presentable porque Shari limpió todo lo casi podrido del plátano y dejó solo la mejor parte. Entonces yo le digo: «Mi amor, ¿cómo pudiste sacar lo mejor de eso?».

Imagínate que Shari me presenta el plato de arroz, frijoles y pollo, pero me agrega todo el plátano con lo podrido que sacó. Exactamente eso es lo que están haciendo muchos matrimonios con su forma de tratarse, es como si se presentaran siempre un plato delicioso pero con algo podrido como acompañante.

Comentarios tales como: «Vivo contigo, pero mientras tanto te voy a recordar lo que me hiciste hace tantos años», «te voy a recordar siempre lo mal que me trataste» o «no te voy a perdonar», no suman. Es ahí donde Dios te dice: «como Séfora, saca el cuchillo, corta lo podrido y tíralo a la basura, y no lo vuelvas a recoger de allí. Deséchalo».

Es tiempo de arrancar lo que no sirve y sacarlo en el nombre de Jesús. Es momento de decirle a tu cónyuge: «Lo podrido es pequeño en comparación a lo mucho que hemos vivido, a todo lo que hemos construido». No puedes dejar que una cosa pequeña dañe tantos años de matrimonio, hay que salvar el matrimonio y los años lindos que se han vivido.

Le doy siempre gracias a Dios por la sabiduría de Shari, porque siempre está pendiente de cortar las pequeñas cosas que pueden afectar lo mucho que Dios nos ha permitido construir.

NADA COMO ESTAR DE ACUERDO

Shari

El compromiso es una acción en sincronización. La Palabra del Señor dice en Mateo 18:19: *«Además les digo que si dos de ustedes en la tierra se ponen de acuerdo sobre cualquier cosa que pidan, les será concedida por mi Padre que está en el cielo».*

Ese «ponerse de acuerdo» es un verbo griego que significa *«sinfonesosin»*, que viene de la palabra «sinfonía», que significa: «Conjunto de voces, de instrumentos, o de ambas cosas, que suenan acordes a la vez». En una sinfonía hay distintos instrumentos a la vez en notas distintas sonando una misma melodía. El ponerse de acuerdo significa que hay dos personas distintas con opiniones diferentes pero que van al mismo tiempo y ritmo en una sinfonía.

Es importante entender que parte del compromiso es estar en un mismo espíritu. Jesús dijo en Mateo 19:5-6a: *«Por eso dejará el hombre a su padre y a su madre, y se unirá a su esposa, y los dos llegarán a ser un solo cuerpo. Así que ya no son dos, sino uno solo».*

«Ya no son dos» significa que hubo una fundición, como el hierro o el metal, que se funden y se hacen uno. ¿Recuerdas el ejercicio que hicimos al unir plastilina de distintos colores? Al unirse, ya dejan de individualizarse y se forma un color nuevo. Así pasa con nosotros, hay una fundición en cuerpo, en alma y en espíritu. El Señor busca que nuestro compromiso vaya más allá de las palabras, que lo llevemos al accionar y estemos en acuerdo.

Séfora, después que tomó la decisión, le dijo a Moisés: «Ahora tú eres hombre de pacto, de sangre con mi vida». Luego de ese suceso, Moisés continúa su viaje solo hacia Egipto, y Séfora regresó con su papá. ¿Qué pasó? Ellos iban juntos camino a Egipto. ¿Qué molestia provocó en ese momento? ¿Qué diferencia hubo? En la lectura no se sabe nada más de Séfora hasta que Moisés regresó de sacar al pueblo de Egipto. Y nuevamente se encuentran.

Compromiso también significa involucrar a tu familia en todos los procesos. No estamos juzgando a Moisés, no sabemos lo que pasó ese día. Pero la Biblia nos dice que ella no fue parte del proceso. No experimentó con sus hijos las plagas, los milagros, no experimentó la apertura del mar. Ella no estuvo allí. Él pasó ese proceso solo.

Es tiempo de arrancar lo que no sirve y sacarlo en el nombre de Jesús

Siempre que puedo trato de viajar con Daniel y con nuestros hijos, como familia hemos decidido que nuestros hijos sean parte del proceso, que ellos puedan experimentar lo que nosotros vivimos en el Señor. No queremos que ellos digan: «¡Qué tremendo papá! Tú viste abrirse el Mar rojo en dos, pero yo no estuve allí».

Todos tenemos un llamado, pero en este tiempo, el Señor está haciendo un llamado a la familia, está buscando personas que estén dispuestas a comprometerse en todo. El Señor no está buscando "llaneros solitarios" sino familias completas que estén dispuestas a experimentar juntos el viaje.

JUNTOS EN UN MISMO ESPÍRITU

La Palabra dice: «*Otra cosa que ustedes hacen es inundar de lágrimas el altar del Señor; lloran y se lamentan porque él ya no presta atención a sus ofrendas ni las acepta de sus manos con agrado*» (Malaquías 2:13).

Dios le está hablando al creyente que va al altar y lleva ofrendas al Señor, a la gente que tiene conocimiento. Y agrega: «*Y todavía preguntan por qué. Pues porque el Señor actúa como testigo entre ti y la esposa de tu juventud, a la que traicionaste aunque es tu compañera, la esposa de tu pacto. ¿Acaso no hizo el Señor un solo ser, que es cuerpo y espíritu? Y ¿por qué es uno solo? Porque busca descendencia dada por Dios. Así que cuídense ustedes en su propio espíritu, y no traicionen a la esposa de su juventud*» (v. 14 -15).

Todos tenemos un llamado, pero en este tiempo, el Señor está haciendo un llamado a la familia

Durante muchos años interpreté que la traición a la cual el Padre se refería era únicamente a una infidelidad sexual, hasta que me detuve en la frase «cuida tu espíritu y no seas traicionero». Hay una infidelidad y una traición espiritual en el matrimonio que va más allá de un adulterio sexual, físico.

Cuando no estamos en acuerdo en un mismo espíritu, por más que llevemos ofrendas delante del Señor y que estemos orando, Dios dice: «No puedo recibirla porque hay una traición espiritual entre ustedes, y hasta que no arreglen la diferencia que están teniendo en su espíritu, no la puedo recibir».

Muchas veces cuestionamos diciendo: «Pero Señor, si yo diezmo y ofrendo. Si yo te amo, y le soy fiel a mi cónyuge, ¿qué es lo que no está fluyendo?». El problema es que no están en acuerdo, que no están en un mismo espíritu. El compromiso requiere sintonía. Muchos pueden pensar que es imposible que estemos de acuerdo en todo, y tienen razón, pero en una conversación, aun en el desacuerdo puede haber acuerdo.

En oportunidades estamos por tomar una decisión y tal vez yo digo: «¿Tú crees que es el tiempo para hacerlo?». Tal vez tenga dudas, y no estemos de acuerdo en algo pero no digo: «Vas a hacer lo que yo diga, porque así lo pienso o viceversa». Mi respuesta es: «Mi amor ¿estás seguro de la decisión que vas a tomar?». Entonces si él me responde: «Sí Shari, esta es la decisión que debemos tomar»; aun sin estar de acuerdo digo: «Bueno, pues está bien mi amor, haz lo que tú entiendas que debemos de hacer».

Salga bien o mal, decidí tomar esa decisión en acuerdo. Te aseguro que no estoy esperando que salga todo mal para decir: «¡Te lo dije!». Porque estar de acuerdo se da también en las diferencias. El Señor desea que nos sentemos a hablar y lleguemos a acuerdos aun en las diferencias.

El Señor no está mirando tus acciones sino las intenciones de tu corazón

Hay quienes dicen que vivir en el tiempo de la ley era difícil, pero yo creo que vivir en el tiempo de la gracia es mucho más difícil, porque significa que el Señor no está mirando tus acciones sino las intenciones de tu corazón, y esas no las puedes esconder detrás de las acciones.

El Señor está buscando examinar nuestro corazón en el matrimonio, con qué actitud tomamos decisiones, con qué actitud servimos un plato de comida o qué actitud tenemos en el momento de una discusión. ¿Cuán comprometido estás con tu familia? ¡Él quiere saber dónde está tu corazón!

CUIDA Y CULTIVA TU COMPROMISO

Daniel

«¿No tenemos todos un solo Padre? ¿No nos creó un solo Dios? ¿Por qué, pues, profanamos el pacto de nuestros antepasados al traicionarnos unos a otros?» (Malaquías 2:10). Este pasaje comienza con una pregunta muy clara: ¿No tenemos todos un solo Padre? Tu papá es el mismo que el mío. Y cuando entiendes que no eres el jefe de tu cónyuge, sino que ambos tienen el mismo Padre, la actitud cambia hacia tu esposa.

El ponernos de acuerdo en cualquier situación, aunque el hombre sienta la responsabilidad de tomar la dirección, implica que en nosotros debe haber un espíritu de humildad para saber que la persona con la que estás hablando, tiene el mismo Padre que tú. Es como si Dios también fuera tu suegro. Esposo, trata a tu esposa con respeto construye con amor. Mujer, trata a tu esposo con respeto y construye con amor. Piensen antes de hablar, y recuerda que tienen el mismo Padre.

Para que el compromiso se mantenga vigente, hay que cuidarlo. Todos los días hay que tener una revisión. Propóngase el hábito de cuidar el compromiso haciéndole la siguiente pregunta a su cónyuge: «Mi amor, ¿cómo está tu corazón?».

El compromiso requiere que definas tu estatus. El matrimonio es una bendición de Dios para ayudarte a descubrir cosas que no se logran fuera de este compromiso. Definir tu estatus traerá seguridad, sentido de pertenencia y permanencia al corazón de ambos. Mucha gente no toma la decisión de casarse porque tal vez no cree en el matrimonio,

tiene miedo al compromiso, por malas experiencias de la vida y/o opiniones no reales de terceros y por muchas cosas más. Pero déjame decirte que no hay que hacerle caso a lo que el mundo dice, porque está lleno de consejos erróneos.

El apóstol Pablo dice: *«El celo que siento por ustedes proviene de Cristo, para presentárselos como una virgen pura. Pero me temo que, así como la serpiente con su astucia engañó a Eva, los pensamientos de ustedes sean desviados de un compromiso puro y sincero con Cristo. Si alguien llega a ustedes predicando a un Jesús diferente del que les hemos predicado nosotros, o si reciben un espíritu o un evangelio diferentes de los que ya recibieron, a ése lo aguantan con facilidad»* (2 Corintios 11:2-4).

¡SIN MIEDO AL COMPROMISO!

Todo el que le cree a Dios y al diseño que Èl creó, experimenta sus bendiciones a plenitud. Quizá escuchas a tu compañero de trabajo que llega el lunes a la oficina y con liviandad te habla de las infidelidades que cometió el fin de semana, o de lo horrible que es su matrimonio, y luego te dice: «¿Pero eres tonto? ¿Acaso no haces lo mismo?». Esa es la mentira que el enemigo le ha hecho creer al mundo. El Señor está buscando matrimonios comprometidos puros y sinceros dispuestos a construir una nueva generación, dispuestos a producir cambios y ser luz en medio de tinieblas.

Pablo también dijo: «No me avergüenzo de este evangelio que predico». El Evangelio no es solamente hablar del Cristo que murió en la cruz y resucitó, es llevar a Cristo al matrimonio, vivir puros y sin ninguna vergüenza de decir que son fieles a una sola mujer, que son fieles a sus hijos y que están haciendo las cosas con integridad. No se avergüencen de lo que son, háblenlo, díganlo y tengan la autoridad de detener a quien viene hablando tonterías y decirle: «¡Yo no pienso igual!».

Si aún no has dado el paso de casarte y estás en convivencia, te invito a dar el paso, porque llevarás bendición a tu casa y alcanzarás plenitud a través del pacto y tu compromiso.

No estás inventando el matrimonio, sino que estás entrando bajo una sombrilla sostenida por quien es el Alfa y el Omega. ¿Cómo es posible que el matrimonio no funcione si lo creó quien nos dio la vida? Jesús te invita hoy y te dice: «Ven, define tu vida, yo te quiero mostrar un mejor camino de plenitud total que se encuentra a través del amor y el compromiso». Jesús desea ayudarte a que definas tu estatus.

El reconocido conferencista Sixto Porras dice: «Nuestro amor no puede depender de lo que sentimos, depende de nuestras convicciones, y de la voluntad para hacer prevalecer lo correcto. Por eso, pase lo que pase, terminemos juntos».

Hagamos del compromiso, un hábito.

Consejos para reflexionar

- *La definición de la palabra «compromiso» es: «Una persona que se encuentra comprometida con algo cuando cumple con sus obligaciones, con aquello que se ha propuesto o que le ha sido encomendado».*

- *Si hay algo por lo cual Dios nos va a pedir cuentas, es por nuestra familia y matrimonio.*

- *Tu compromiso debe ser tan fuerte que digas: «Este compromiso por amor va por encima de cualquier enojo que pueda pasar».*

- *El compromiso es una decisión acompañada de acción.*

- *Todo el tiempo, el dinero, esfuerzo, el corazón que inviertes, refleja tu compromiso.*

- *Compromiso también significa involucrar a tu familia en todos los procesos.*

- *Para que el compromiso se mantenga vigente, hay que cuidarlo.*

- *El matrimonio es una bendición de Dios para ayudarte a descubrir cosas que no se logran fuera del compromiso.*

- *Define tu estatus.*

- *Haz del compromiso, un hábito.*

Notas

CON INTEGRIDAD EN EL CORAZÓN

Daniel

En cierta ocasión una pareja se detuvo en la carretera para comprar algo de comer en una estación de servicio. Compraron lo que necesitaban y se alejaron en su automóvil. Cuando el caballero miró su vuelto, le habían dado un billete alto de más. De inmediato, y sin dudar, regresaron para devolver el dinero que no les pertenecía. Al llegar pidieron hablar directamente con el dueño del negocio, quien luego de escucharlos quedó tan agradecido como sorprendido por la buena acción realizada.

El hombre rápidamente quiso dar a conocer el destacable hecho llamando a sus empleados para honrar públicamente a la pareja, pero humildemente esta linda pareja se negó. A pesar de ello, el agradecido dueño insistió con tomarles un video para mostrarlo luego a sus empleados como testimonio, pero la pareja nuevamente se negó.

Finalmente, el comerciante les tomó una fotografía y les prometió que la exhibiría en la cartelera de su negocio. Fue en ese preciso momento que el hombre se acercó al comerciante y le dijo: «¡Por favor no lo haga! ¡Esta mujer no es mi esposa!».

SER HONESTO NO SIGNIFICA SER ÍNTEGRO

Hacer buenas obras no tiene nada que ver con tu integridad. Integridad se define como algo o alguien completo y pleno, que no carece de nada. Es la capacidad de encontrar coherencia entre lo que crees, lo que piensas, y lo que haces. Hemos hablado varias veces de que nuestro matrimonio es un gran proyecto que requiere construcción; pero para poder construir necesitamos la capacidad de seguir al pie de la letra las instrucciones del Padre en todo este proceso.

Solo una vida en constante conexión con el Padre producirá en nosotros integridad

Necesitamos creer en sus formas, obedecer sus directrices y confiar que sus planes y métodos son mejores que los nuestros. Para eso requerirá de nosotros no solo el tener confianza sino un corazón integro. ¿Y qué es ser integro? Es estar completo y pleno en Él. Es coherencia entre lo que creemos y lo que hacemos. Solo una vida en constante conexión con el Padre producirá en nosotros integridad.

En 1 Crónicas 29:18-19, David está por proclamar a Salomón como sucesor y Rey; y también está próximo a entregarle los planos de una gran construcción: el templo. Él hace una oración frente a todo el pueblo y dice:

«Señor, Dios de nuestros antepasados Abraham, Isaac e Israel, conserva por siempre estos pensamientos en el corazón de tu pueblo, y dirige su corazón hacia ti. Dale también a mi hijo Salomón un corazón íntegro, para que obedezca y ponga en práctica tus mandamientos, preceptos y leyes. Permítele construir el templo para el cual he hecho esta provisión»

Es imposible construir el diseño de Dios sin integridad. Él desea entregarte planos en tus manos, sueños que ha visto en tu matrimonio... pero necesita tu compromiso e integridad. Por eso creo que debes velar por todas las áreas de tu vida, no solamente por aquellas que te resultan sencillas, sino por todas, en especial aquellas que son vulnerables.

REGRESANDO A LA HISTORIA DE NEHEMÍAS

"Cierto día Nehemías se presentó cabizbajo ante el rey quien le preguntó: «¿Por qué estás triste?». «Es que los muros de la ciudad de mis padres están en ruinas y necesito que me des permiso para levantarlos», respondió Nehemías. Así fue que con la ayuda del rey, Nehemías comienza a levantar los muros en el nombre de Dios, pero mientras los levantaba tuvo oposición. Entonces Nehemías decide darle instrucción a las familias que lo ayudan a construir el muro, y les dijo: «Así que puse a la gente por familias con sus espadas, arcos y lanzas, detrás de las murallas, en los lugares más vulnerables y desguarnecidos» (Nehemías 4:13).

Es necesario entender -y estoy siendo muy enfático en esto- que hay lugares en nuestro matrimonio que están vulnerables, y debemos saber cuáles son para cuidarlos. Nehemías estaba diciendo: «los levanté como familia para que cuidaran los lugares más vulnerables» y el siguiente verso continúa diciendo: *«Luego de examinar la situación, me levanté y dije a los nobles y gobernantes, y al resto del pueblo: ¡No les tengan miedo! Acuérdense del Señor, que es grande y temible y peleen por sus hermanos, por sus hijos e hijas y por sus esposas y sus hogares»* (v.14).

Hay un Dios Todopoderoso que está a favor tuyo, a favor de tu matrimonio. Pero además, hay otra verdad: hay un diablo, que es enemigo de Dios, y que está como león rugiente buscando a quién puede devorar. Él destruye hijos, padres, familias, sociedades completas. Pero Nehemías dijo: «Levántense y peleen por su familia, por sus hijos, por su matrimonio, cuiden sus hogares».

Shari

¿Cuáles son esas áreas desguarnecidas, vulnerables, que están al descubierto para poder atacar? Son distintas, así que debes observar y permitirle al Espíritu Santo que te las muestre. Creo firmemente que Dios nos muestra las áreas débiles de nuestra familia y en especial de nuestros hijos. No solo para señalarlas sino para trabajarlas.

Estamos en una batalla, y es por nuestra familia, por nuestro matrimonio, por nuestros hijos. Pero la manera para desenmascarar al enemigo y sus planes, es cubrir esas áreas por las que él vendrá a querer tocar tu familia, tu hogar.

Ten presente que Dios nos ha dado su espada, la cual es Su Palabra, y está a nuestro favor para contrarrestar el plan del maligno en el nombre de Jesús y proteger nuestro hogar. Su palabra nos guiará a toda verdad y nos dice que la integridad será para nuestra vida lo siguiente…

1. Nuestra protección.

Salmos 25:21 dice: *Sean mi protección la integridad y la rectitud, porque en ti he puesto mi esperanza.*

Para mantener la integridad hay que pararse firme y pelear contra las artimañas de Satanás.

2. Nos sostendrá.

Salmos 41:12 dice: *Por mi integridad habrás de sostenerme, y en tu presencia me mantendrás para siempre..*

3. Andaremos seguros.

Proverbios 10:9 dice: *Quien se conduce con integridad anda seguro; quien anda en malos pasos será descubierto.*

La integridad es uno de los mejores testimonios de credibilidad de un matrimonio.

4. Nos guiará.

Proverbios 11:3 dice: *A los justos los guía su integridad; a los falsos los destruye su hipocresía.*

UNA VIDA EN VERDADERA INTEGRIDAD

Debes saber que una persona íntegra es una persona completa. Cuando vas a comprar pan integral, los ingredientes con los que fue hecho no han sido procesados, son originales, son íntegros. El Señor está buscando mujeres y hombres íntegros, completos, que se desarrollen en todas las áreas: emocional, física, económica y, por supuesto, en su área espiritual; y quiere también que vayan creciendo integralmente en cada una de ellas.

Pero este trabajo comienza en casa, desde niños. Nunca es muy temprano para comenzar. La mejor herencia que podemos dejarle a nuestra generación es vivir una vida de integridad, caminando siempre al lado del Señor. Esta herencia perdurará para siempre, no se corroe ni se daña, sino que es eterna.

Para mantener la integridad hay que pararse firme y pelear contra las artimañas de Satanás.

El Señor protege la vida de los íntegros, y su herencia perdura por siempre. En tiempos difíciles serán prosperados; en épocas de hambre tendrán abundancia.

(Salmos 17:38-39)

Dios está buscando familias, hombres y mujeres de Dios que no solamente crean y vayan a la iglesia, sino que apliquen en su casa lo que creen. Los hijos necesitan ver que hay coherencia entre lo que mamá y papá dicen, con lo que ellos viven en su hogar.

En una conferencia, un pastor contó que salía de la oficina con prisa y se le acercó un joven que le dijo:

—Pastor, necesito hablar con usted, estoy pasando por un problema.

Por lo general, muchos jóvenes están en crisis con su papá o su mamá, entonces el pastor le respondió:

—Por supuesto hijo, ¿qué está pasando? Cuéntame, ¿todo bien con tu papá

—Mi papá es un hombre de Dios, de oración, de buen testimonio. Ama al Señor. Cada día, cuando llega a mi casa, juega conmigo y me dedica todo su tiempo, —respondió el muchacho.

Al escuchar esto, el pastor pensó que quizá el problema era con su mamá, así que le dijo:

—Muchacho, cuéntame, ¿todo bien con tu mamá?

—Mi mamá es una tremenda mujer de Dios, una mujer de oración y llena de fe. Cada vez que estoy en casa, ella se deleita en cocinarme, en preparar mis platos favoritos. Siempre me bendice.

—¿Dónde está el problema, entonces? ¿Qué es lo que está pasando?, —pregunta asombrado el pastor.

El muchacho comienza a llorar y le dice al pastor:

«Es que yo cambiaría lo que fuera porque mis padres me dejaran de amar y se amaran entre ellos. ¡Yo daría lo que fuera porque mi papá, cuando llegara a mi casa, en vez de buscarme a mí para jugar, buscara a mi mamá¡ ¡Daría lo que fuera, porque mi mamá no me complaciera en mis platos favoritos, sino que le preguntara a mi papá, qué quiere de comer! Por eso sé que el día que yo me case, entre ellos se acabó todo».

BIEN POR DENTRO, BIEN POR FUERA

Los hijos necesitan ver que hay coherencia entre lo que mamá y papá dicen, con lo que ellos viven en su hogar.

Integridad no significa que tengas solamente una buena vida cristiana. Se trata de que todas las áreas de tu vida estén en acuerdo, en orden.

Integridad consiste en reflejar el amor del Señor no solo afuera, sino en tu matrimonio, en tu familia.

¿Alguna vez has visto hijos que se quejen porque sus papás se aman demasiado? Los niños necesitan ver a sus padres apasionados. Tus hijos necesitan ver amor, respeto, honra, tiempo de dedicación, porque para ellos, esa es la base. Ellos pueden leerlo en la Palabra, pero los padres son el ejemplo vivo, en su casa, de lo que significa ser un hombre y una mujer de integridad.

No podemos escondernos detrás de lo que creemos, sino que necesitamos empezar a aplicarlo en nuestra casa, en nuestro matrimonio, en nuestra vida. La construcción se hará mas fácil cuando vuelques tu corazón al Padre y apliques en tu casa sus principios.

Daniel

Una de las quejas más grandes que hay en consejería matrimonial es que los cónyuges no hablan las cosas claras, con verdad e integridad. El Salmo 101:2b dice: «... *Quiero conducirme en mi propia casa con integridad de corazón*».

El que se atreva a decir esto, es valiente. Cuando alguien se expone a decir en su propia casa «quiero conducirme con integridad», lo que está diciendo es que se presenta ante su familia, tal y como es. Lo que te da autoridad para ser lo que eres en la sociedad, es el respeto que te has ganado a través de la integridad que tienes dentro de tu casa. Oro a Dios que puedas declarar este Salmo hoy para tu vida.

En una ocasión fuimos al cine a ver una película para niños. Como habíamos llegado temprano, y el complejo estaba dentro de un centro comercial, mi esposa Shari dijo: «Daniel, voy a las tiendas a ver algunas cosas que necesito. Quédate un ratito con los niños, regreso pronto». Así que Natán y Daniela, los más chiquitos, se pusieron a jugar, y yo me quedé hablando con Isaac, el más grande. Para ese momento Isaac tenía nueve años, y me dijo:

— Papi, en el centro comercial hay muchas mujeres vestidas inapropiadamente.

...en realidad él usó otra palabra, dijo «frescas». Asombrado, le dije:

— Hijo, ¿a qué te refieres?

— Papá, es que están enseñando mucho de su cuerpo.

— ¿De verdad tú te diste cuenta de eso? —dije.

— Sí, —y luego agregó— papi, ven acá. Entonces se puso frente a mi cara y dijo: Te hago una pregunta: ¿tú miras a otras mujeres que no sea mamá?

— No, papi, ¡no! -le dije- Estos ojitos son para mamita. Todo mi corazón es para mamita. Yo prometí ante el Señor serle fiel, y así será siempre.

— Y cuando yo me case, voy a ser fiel como tú. Papi, yo me quiero casar, y sé que voy a hacer feliz a mi esposa, yo le voy a ser fiel porque tú eres fiel. Papi, ¡qué bueno es ser cristiano!

¿Qué es lo que revela que en verdad somos cristianos? ¿Lo que predicamos o nuestras acciones? Debes saber que la integridad es uno de los lados más vulnerables del matrimonio, pero si se cuida, es lo que más le predicarás a tus generaciones.

A nuestros hijos no los ganaremos para Cristo con lo que les proveemos materialmente, sino con nuestras acciones. A nuestro cónyuge no lo ganaremos con lo mucho que hablamos y prometemos, sino con la forma en que nos conducimos.

«Instrúyeme, Señor, en tu camino para conducirme con fidelidad. Dame integridad de corazón para temer tu nombre. Señor mi Dios, con todo el corazón te alabaré, y por siempre glorificaré tu nombre.» (Salmos 86:11) ¿Eres confiable? ¿Eres ejemplo para tu esposa/o? ¿Tu cónyuge sabe que siempre vas a hablar con verdad y con integridad en el corazón?

Hay algo que es necesario dentro de la integridad, y es un límite que nos va a ayudar en nuestro matrimonio, se llama «rendir cuentas». Cada vez que viajo, le aviso: «Mi amor, ya llegué al hotel» o «me voy a jugar al futbol», y viceversa. Porque el rendir cuentas significa que estás creando una protección a tu alrededor. Es una bendición que tu cónyuge sepa dónde tú estás y lo que haces. Y otra manera de protegerme es involucrar a Shari.

En este último tiempo, como nunca antes, he aprendido a involucrar a mi esposa en todos mis proyectos, aun cuando ella no sabe de música. Eso me ha ayudado a estar conectados. Parte de la integridad es saber rendir cuentas y tener al tanto de todo a tu cónyuge.

MUJER, TIENES QUE SABER DE DÓNDE VIENE TU VALOR

A nuestros hijos no los ganaremos para Cristo con lo que les proveemos materialmente, sino con nuestras acciones

Shari

Asimismo, esposas, sométanse a sus esposos, de modo que, si algunos de ellos no creen en la palabra, puedan ser ganados más por el comportamiento de ustedes que por sus palabras, al observar su conducta íntegra y respetuosa. Que la belleza de ustedes no sea la externa, que consiste en adornos tales como peinados ostentosos, joyas de oro y vestidos lujosos. Que su belleza sea más bien la incorruptible, la que procede de lo íntimo del corazón y consiste en un espíritu suave y apacible. Esta sí que tiene mucho valor delante de Dios.

(1 Pedro 3:1-4)

¡Qué hermoso! Mi valor no proviene de lo que tengo, de cómo me veo, y ni siquiera de quién soy; proviene de mi belleza que es incorruptible: la de adentro, la de lo íntimo de mi corazón. Esa belleza no es más que nuestra esencia, quiénes somos en Él. Eso es una mujer integra, en su estado original. Con espiritu suave y apacible. Así que el ser íntegro es conocer y vivir de acuerdo a nuestro estado original.

¿Quieres saber quién somos en nuestro estado original? Somos Eva. La palabra «Eva» en hebreo es «Java», que significa «madre, dadora de vida». La raíz del nombre «Java» es la palabra «Jaia» que significa «vivir, causa de revivir, avivar, conservar, criar, dar, guardar, infundir, ir, mantener, otorgar, preservar, quedar, reanimar, resucitar, revivir, salvar, sanar, vida, vivificar, vivo».

Eso es la mujer. Ese es el plan original. La mujer es dadora de vida, es la que reanima, levanta, da, otorga. ¡Esas somos nosotras, mujeres llenas de vida! ¡Esa eres tú! Y probablemente te dirás «¡pero así no me siento! ¿Soy realmente esa mujer?». La respuesta es contundente: ¡Claro que sí!

Seguramente sabes que somos espíritu, alma y cuerpo. Cuando entregamos nuestra vida al Señor, tomamos la decisión en el alma, donde está la voluntad, donde tomamos decisiones. Entonces nuestro espíritu anhela conectarse al Padre, Él sopló de Su Espíritu, aliento de vida (Genesis 2:7) sobre nosotros. Nuestro espíritu anhela conectarse nuevamente. Lo último que se une es el cuerpo, porque ahí es donde se manifiestan las decisiones y empiezan los cambios.

Entonces nos comenzamos a vestir y hablar prudentemente. Pero todo comienza en el alma. El enemigo no ataca tanto a la mujer en el espíritu ni en el cuerpo, sino a través del alma. Él sabe que si nos dice que neguemos al Señor, lo reconocemos de inmediato por el espíritu, y diremos: «Esto no es del Señor». Es más, los ataques espirituales se nos hacen muy fáciles de discernir.

Tampoco nos ataca tanto como al hombre por el cuerpo, porque -seamos realistas- puede pasar un hombre musculoso delante de nosotras, y no nos importa. Entonces el enemigo ataca al alma, a las emociones, al corazón, y siembra allí semillas de dolor, de menosprecio: «Mira lo que te hizo, te mintió. El día que se suponía que llegaría temprano, no lo hizo». Esa semilla de amargura, de rechazo y de dolor comienza a crecer en el alma. Tan pronto toca el alma, inmediatamente el espíritu se empieza a contristar. El enemigo busca dañarte el alma para que no desarrolles tu integridad.

¡HABLA VIDA SIEMPRE!

Desde hace mucho tiempo el enemigo ha tratado de sembrar una semilla en el corazón de la mujer. ¿Recuerdan la semilla de insatisfacción? Bueno, uno de los frutos de esta semilla es la critica, el cuestionamiento, el dolor. Y ahí está Eva dudando de lo que tiene, de quién es. Desde entonces, el enemigo ha tratado de sembrar esa semilla de falta de identidad y de insatisfacción en el corazón de la mujer.

A causa de ello la mujer vive herida, con una visión distorsionada de quién es. El dolor habla. De su boca no sale vida sino muerte, menosprecio, crítica, deshonra, deslealtad, falta de respeto. Cuando la mujer pierde su identidad, es afectada su esencia, su integridad.

Muchas veces los gestos, las caras, la forma en que reaccionamos de una molestia, deshonran la vida de nuestro esposo. No me refiero a que si tú tienes la razón o no, porque es muy probable que la tengas, sino que la Biblia nos dice que honremos y respetemos a nuestros esposos.

El enemigo ataca al alma, a las emociones, al corazón, y siembra allí semillas de dolor, de menosprecio

El Señor te está desafiando a vivir una vida de integridad a través de tus labios, de lo que sale de tu boca, de lo que piensas. Pues ya sabemos que: «*En la lengua hay poder de vida y muerte; quienes la aman comerán de su fruto*» (Proverbios 18:21).

En nuestros labios está el poder de bendecir o de maldecir ¿Qué está saliendo de tu boca? ¿Vida o muerte? Muchas veces creemos que somos el alfarero y montamos a nuestro esposo en la rueda, y nosotras comenzamos a moldearlo. Creemos que esa es nuestra labor, pero el Señor está esperando que te quites de la rueda y que simplemente cumplas el rol para el que fuiste creada: producir vida, animar y afirmar Palabra sobre la vida de tu esposo.

Aunque tus ojos vean lo contrario, no debes permitir que haya falta de integridad en tu vida. Habla vida al decir: «Tú eres un hombre de integridad, un hombre ejemplar, temeroso de Dios». Mujer, en tus labios tienes el poder de levantar a tu esposo como rey o volverlo como un gusano. Suena crudo, pero es la realidad.

Recordemos la cita bíblica con que empezamos esta parte: *«Asimismo, esposas, sométanse a sus esposos, de modo que, si algunos de ellos no creen en la palabra, puedan ser ganados más por el comportamiento de ustedes que por sus palabras, al observar su conducta íntegra y respetuosa».* Que tu vida sea de testimonio.

NO USES TUS LABIOS COMO DARDO DE MALDICIÓN

Sé que nos gusta hablar, que es parte de nuestra naturaleza, que somos comunicativas, habladoras; y eso es una gran bendición cuando nuestra alma y nuestras emociones están sujetas al Espíritu Santi. Pero cuando el área emocional está en descontrol o está lastimada, la usamos para maldecir, para crear duda, para mortificar.

El Señor quiere sanar esa área de tu vida. El Padre sabe cuánto le amas y que quieres vivir haciendo su voluntad. Ha visto tu crecimiento, te ama, eres suya. Él ha visto tu cambio físico, cómo te has negado al mundo, cómo ha cambiado tu vida, pero hoy quiere recobrar algo: tu alma. El quiere sanar cada una de tus heridas.

Cuando conocí a Daniel y vi el hogar hermoso en el que creció, descubrí una nueva forma de relacionarme.

Durante nuestro tiempo de noviazgo tomamos algunas decisiones importantes, entre ellas hacer aquella lista de reglas que instalaríamos en el matrimonio acerca de nuestro comportamiento de el uno para el otro. Aunque yo conocía la Palabra del Señor, si no aplicaba esas reglas a mi vida, iba a actuar como me habia acostumbrado.

En el momento de ira, lo primero que sale es lo que aprendimos, el mal hábito, y literalmente tuve que habilitar mi mente para tomar nuevas decisiones. Ya no podía resolver conflictos como lo hacía antes. Ya han pasado varios años de casados y nunca hemos roto una de esas reglas, porque decidimos crear nuevos hábitos para nuestra vida.

Amada mujer, ¡podemos crear nuevos hábitos! El Señor quiere trabajar en tu hogar, deja que el Señor haga lo imposible, y tú haz lo posible. Lo posible es amar a tu esposo para bendecirlo, para servirle, para mimarlo.

Pido al Señor que hable a tu corazón y te revele la razón del por qué estás teniendo malas actitudes, mal carácter; por qué se te hace tan difícil amar con libertad. Si le abres esa puerta al Señor, yo te aseguro que su Espíritu Santo hablará a tu corazón y te dirá la respuesta a tu necesidad.

Tal vez llegó el tiempo de perdonar. El perdón es como una cebolla que tiene muchas capas. Es una decisión, pero no produce cambios inmediatos, es un proceso. Cuando quitas una capa, detrás de esa todavía quedan otras. Así es el perdón.

Ora al Señor para que hoy puedas tomar una decisión que te lleve al perdón. Tal vez no lo sientas, pero da un paso de fe, y poco a poco el Señor te va a ir mostrando cada capa. Tal vez ya perdonaste, pero todavía quedan rastros, los identificas por las malas actitudes, porque no hay una entrega total. Quizá lo amas pero no lo admiras, y eso sucede porque recuerdas lo que alguna vez te hizo.

¡Ruego al Señor que restaure cada área de tu vida!

Mujer, no sé en qué etapa te encuentras, pero el Señor está moldeando tu carácter a su diseño original. Usa al Espíritu Santo a tu favor. Pregúntale qué quiere decirte hoy. Su plan es que operes integralmente.

ESPOSOS: ¡ATENTOS A LAS NECESIDADES DE ELLA!

Daniel

Una noche estábamos en la cama y Shari trataba de tener una conversación profunda sobre un tema. A las mujeres les gusta profundizar, y me decía: «Mi amor, es que tú no entiendes. No estás viendo lo que te estoy explicando». Ella quería que yo entrara en esa profundidad con ella, y no entendía el por qué yo no podía hacerlo.

Para mí, como a la mayoría de los hombres, el tema era blanco o negro, ¡pero para ella había un gris!

Shari

Recuerdo que me frustré mucho. Cerré mis ojos y dije: «Está bien, vamos a dormir». Sentía que mis palabras no lograban expresarle lo que quería, y que él no entendía lo que estaba expresandole, así que oré y dije: «Señor, yo no tengo la capacidad de convencer a nadie, porque no soy el Espíritu Santo, pero tú sí. Te pido que le muestres a mi esposo lo que está en mi corazón, y que él entienda lo que estoy tratando de explicarle».

¿Y qué creen? ¡Funcionó! Mientras Daniel estaba recostado de su lado de la cama, el Espíritu Santo le trajo a memoria algo, e inmediatamente se sentó en la cama y dijo: «Shari, ahora que me acuerdo, pasó esto y esto otro... Te quiero pedir perdón. ¡Tenías tanta razón en este tema! Lo siento mucho». Yo lloraba y me reía de la alegría. ¡La oración fue respondida! He decidido que hay cosas que se resuelven solo en oración, que yo no soy quien cambio. Mi trabajo es amar y el de Dios es cambiar.

Daniel

Esposos, mi oración es que puedan reflejar una vida de integridad. Que toda área que esté desordenada se pueda alinear al poder de Dios y que traiga orden sobre tu vida. Que cualquier mal hábito que hayas aprendido en tu crianza pueda ser transformado en hábitos enseñados por tu Padre Celestial. Él te ama y quiere que experimentes una vida de plenitud en Él.

Reconoce que no puedes solo y construye con sus enseñanzas y principios. Recuerda que la integridad será tu protección, tu guía; ella te sostendrá y te guardará.

Esposo, ¿quieres una mujer entregada? Ámala, hónrala, respétala, hazla sentir como la mujer más hermosa de esta tierra.

Consejos para reflexionar

- *Ser honesto no significa ser íntegro.*

- *Debes saber que una persona íntegra es una persona completa y plena en Dios.*

- *Integridad es la capacidad de encontrar coherencia entre lo que crees, lo que piensas, y lo que haces.*

- *Es necesario entender que hay lugares en nuestro matrimonio que están vulnerables, y debemos saber cuáles son para cuidarlos.*

- *Hay algo que es necesario dentro de la integridad, y se llama «rendir cuentas».*

- *Muchas veces los gestos, las caras, la forma en que reaccionamos de una molestia, deshonran la vida de nuestro esposo.*

- *El enemigo busca dañarte el alma para que no operes en integridad.*

- *Hombre, ¿quieres una mujer entregada? Ámala, hónrala, respétala, hazla sentir como la mujer más hermosa de esta tierra.*

- *¿Qué áreas están vulnerables o desguarnecidas?*

Notas

TIEMPO EN FAMILIA:
UN REGALO DE DIOS

Hay un tiempo para todo.

*Todo tiene su momento oportuno; hay un
tiempo para todo lo que se hace bajo el cielo:*

un tiempo para nacer,

y un tiempo para morir;

un tiempo para plantar,

y un tiempo para cosechar;

un tiempo para matar,

y un tiempo para sanar;

un tiempo para destruir,

y un tiempo para construir;

un tiempo para llorar,

y un tiempo para reír;

un tiempo para estar de luto,

y un tiempo para saltar de gusto;

un tiempo para esparcir piedras,

y un tiempo para recogerlas;

un tiempo para abrazarse,

y un tiempo para despedirse;

un tiempo para intentar,

y un tiempo para desistir;

un tiempo para guardar,

y un tiempo para desechar;

un tiempo para rasgar,

y un tiempo para coser;

un tiempo para callar,

y un tiempo para hablar;

un tiempo para amar,

y un tiempo para odiar;

un tiempo para la guerra,

y un tiempo para la paz.

(Eclesiastés 3:1-8).

TIEMPO, EL ELEMENTO VITAL

Shari

Para poder llevar a cabo todo lo que hemos hablado, un matrimonio saludable y una descendencia que ame a Dios, necesitas de algo muy importante, y esto es tiempo.

Ahora, ¿qué es el tiempo? Yo quise resumirlo en tres puntos.

1. Es un tesoro.

El tiempo es un regalo de Dios mismo para llevar a cabo Sus propósitos y disfrutar de lo que nos ha entregado.

Nada hay mejor para el hombre que comer y beber, y llegar a disfrutar de sus afanes. He visto que también esto proviene de Dios. (Eclesiastés 2:24)

2. Es algo que requiere tu buena administración.

Por tanto, tened cuidado cómo andáis; no como insensatos, sino como sabios, aprovechando bien el tiempo, porque los días son malos. Así pues, no seáis necios, sino entended cuál es la voluntad del Señor. (Efesios 5:15-17)

3. Es una inversión.

Es la oportunidad de invertir en aquello que tiene valor para nosotros, y en lo que es eterno.

El Señor nos ha dado el regalo del tiempo. Sin embargo, el tiempo es limitado. Tú puedes multiplicar muchas cosas; por ejemplo, si siembras flores, recibirás más flores. Puedes plantar un árbol y tener muchos frutos, pero lo único que no podemos multiplicar o añadir es el tiempo. Por más que te esfuerces, tu día tiene 24 horas. No hay más tiempo, no importa cuánto te afanes por multiplicarlo, no sucederá.

De igual manera si se pierde, nunca más volverás a recuperarlo. Es por eso que es de sabios entender esto e invertir el tiempo en lo que tiene valor. Necesitas tiempo para todos los planes y los diseños. Tiempo para escuchar Su voz y cada directriz, tiempo para hablar con tu esposa y hacer planes y límites que ayudarán en su futuro. Necesitas tiempo para invertir en tus hijos, amarlos y enseñarles. ¿Cómo es esto posible? Administrando correctamente el tiempo.

Es por eso que este es el tiempo de amar, de bendecir, de disfrutar lo que el Señor te ha dado. El tiempo no se recupera, no podemos añadirle minutos a nuestro día. El cumpleaños de tu hijo que te perdiste, no va a volver atrás. El día de juegos en familia, el día que no fuiste a la fiesta de la escuela, no podrás volver a recrearlo.

El beso que no le diste a tu esposa antes de irte a trabajar, no puedes regresar a dárselo, ya pasó ese tiempo. La conversación que postergaste, ya es tarde para tenerla. Por eso es necesario que seas prudente y diligente en cómo administrar tu tiempo y tus prioridades.

Necesitas tiempo para invertir en tus hijos, amarlos y enseñarles

Nosotros, como familia, hemos procurado tomar tiempo para distintas cosas y acomodarlas dentro de esas 24 horas, porque son nuestra prioridad. Nos vemos todos los días tentados a administrar nuestro tiempo mal.

Como mujer han habido veces en las que estoy ajetreada, lavando los platos, limpiando, cocinando, y aunque lo disfruto, estoy cansada, y mi esposo me ha dicho: «Shari, los platos sucios no tienen sentimientos, suéltalos un momento, siéntate con nosotros, queremos compartir un tiempo juntos».

A veces hay cosas en tu vida que te roban el tiempo. No estoy diciendo que descuides tu casa, sino que sepamos administrar el tiempo que le dedicamos a lo importante. Seguramente hay personas a tu lado clamando por ese tiempo que le están robando.

La mala administración del tiempo es un área vulnerable en el matrimonio. Anhelo que el Espíritu Santo pueda mostrarte qué áreas son necesarias e importantes en tu vida donde debes invertir tu valioso tiempo.

Hay mucha gente que espera retirarse de su trabajo para disfrutar la vida, y eso es un gran error, porque cuando ese momento llegue, quizá ya no tengas las energías para hacer lo que añoraste en tu juventud.

Daniel

Según la historia bíblica, Jetro, el suegro de Moisés, fue al desierto para verlo y había llevado a la familia de Moisés hasta donde él estaba. Cuando finalmente Moisés podía pasar tiempo con sus hijos y su esposa... ¡pasó todo el día atendiendo al pueblo!

Entonces su suegro le dijo: *«No está bien lo que estás haciendo»* (Éxodo 18:17).

Jetro no solo le está hablando al esposo de su hija, también le estaba hablando a uno de los libertadores del pueblo de Israel. Quizá Moisés podía haberse parado y dicho: «¿Quién crees que eres? ¡Yo fui el que abrió el Mar Rojo y tengo grandes responsabilidades con este pueblo! ¿Y aun así vienes a hablarme así?». Sin embargo Moisés tuvo una buena actitud, reflexionó, se quedó tranquilo y recibió el consejo.

Si vemos lo que la Palabra dice, ocurrió lo siguiente: *«No está bien lo que estás haciendo —le respondió su suegro—, pues te cansas tú y se cansa la gente que te acompaña. La tarea es demasiado pesada para ti; no la puedes desempeñar tú solo»* (Éxodo 18:17-18).

Al igual que Jetro le dijo a Moisés, es probable que tú necesites escuchar: «No está bien lo que estás haciendo». Necesitas aprender a manejar tu tiempo. Y creo que hay tres consejos que puedo darte al respecto:

1. La primera forma de manejar el tiempo es haciendo un balance.

Un amigo le dijo a otro:

—¿Por qué no vamos a comer algo?

—Disculpa, la verdad que no puedo, estoy ocupado —respondió.

—Pero, haz tiempo para mí, —dijo el amigo.

El otro amigo se quedó analizando lo que le pidió, y le dijo:

—Me estás pidiendo que haga algo que no puedo hacer, crear tiempo. Significa que como no lo puedo crear lo tengo que tomar de otro lugar, esto implica quitarle tiempo a mis prioridades para dártelo a ti.

Suena duro, ¿verdad? La realidad es que no puedes crear tiempo.

Muchas veces nuestras familias se quedan sin tiempo porque se lo robamos por dárselo a otras cosas o personas. Es por eso necesario analizar: ¿Dónde inviertes tu tiempo?

Jetro le dijo a Moisés: *«Oye bien el consejo que voy a darte, y que Dios te ayude. Tú debes representar al pueblo ante Dios y presentarle los problemas que ellos tienen»* (v. 19). En otras palabras, le estaba diciendo: «Tienes que aprender a hacer un balance de tu tiempo, porque si no te vas a cansar». No cargues con los problemas del pueblo solo, preséntaselos a Dios.

Cuando haces un balance no quedas mal con uno ni con otro. Muchos me preguntan cómo hago para balancear mi tiempo entre tantos viajes y la familia. Mi respuesta es: «Es algo difícil, porque cada espacio de tiempo que estoy en un avión, lo pierdo de estar con ellos. Entonces, al llegar a casa, trato de recuperarlo.

Requiere de mi parte un gran esfuerzo, y muchas veces organizar mi día de tal manera que pueda invertir tiempo de calidad en mis hijos y en Shari. Estoy perfectamente consciente de que nadie va a llenar mi posición de papá y esposo, es algo que me corresponde a mí. Amo pasar tiempo con ellos, y porque son de valor, invierto en lo que más amo.

2. Bloquea el tiempo en tu agenda

Cuando comienzan las clases nos entregan una agenda del año escolar, e inmediatamente que la recibo bloqueo en mi agenda las actividades festivas de la familia, y lo que resta las dedico a mis compromisos. Casi nunca me pierdo un evento importante de la escuela de mis hijos y de mi familia.

Siempre estoy en sus cumpleaños, en nuestro aniversario, porque están bloqueados en mi agenda. Muchas veces me han invitado a grandes conciertos, y no he aceptado porque es el cumpleaños de alguno de mis hijos. Si quieres crear balance y que las cosas ocurran, tienes que agendarlo y ser intencional con esa agenda.

El problema de una mala administración del tiempo es no escoger administrarlo. Puedes dejar que el tiempo te administre con sus exigencias y compromisos, o elegir manejar tu tiempo de manera sabia.

Tenemos que ser intencionales con nuestro tiempo.

Escuché al pastor Robert Morris comentar en unas de sus prédicas que cuando llegaba la noche, le causaba un poco de enojo ver que mientras él se sentaba a hacer las cuentas de los pagos pendientes, su esposa se quedaba dormida, y él se quedaba solo haciendo cuentas. Entonces Dios le preguntó «¿Y por qué te enojas con ella?».

—Es que ella duerme tranquila, porque sabe que tiene un esposo que la va a cuidar, -respondió

— Pero por qué eso te molesta?- Le preguntó Dios

—Porque yo no tengo esposo, —le dijo a Dios.

— ¡Yo soy tu esposo! Ella descansa porque confía en ti, y tú tienes que descansar porque confías en mí, —respondió el Señor.

Si Dios, siendo Dios, después de crear y producir todo lo que hay en la creación, con su aliento, con su Palabra, descansó un día. ¿Quiénes somos nosotros para no descansar?

«¿Quién de ustedes, por mucho que se preocupe, puede añadir una sola hora al curso de su vida? ¿Y por qué se preocupan por la ropa? Observen cómo crecen los lirios del campo. No trabajan ni hilan; sin embargo, les digo que ni siquiera Salomón, con todo su esplendor, se vestía como uno de ellos»

(Mateo 6:27-29).

El descansar en Dios implica confiar en Él.

3.   Administra tu tiempo

La única manera en que vas a lograr cubrir con tu tiempo todas las prioridades es administrándolo. La Palabra nos anima a aprovechar bien el tiempo. La buena mayordomía del tiempo no es menos importante que la administración de los otros dones que Dios nos ha entregado.

La única manera en que vas a lograr cubrir con tu tiempo todas las prioridades es administrándolo

El tiempo es un regalo de mucho valor. Jetro le dijo a Moisés que debía aprender a delegar, que no hiciera el trabajo solo. Delegar implica confiar en que otros van a hacer el trabajo bien.

«Elige tú mismo entre el pueblo hombres capaces y temerosos de Dios, que amen la verdad y aborrezcan las ganancias mal habidas, y desígnalos jefes de mil, de cien, de cincuenta y de diez personas. Serán ellos los que funjan como jueces de tiempo completo, atendiendo los casos sencillos, y los

casos difíciles te los traerán a ti. Eso te aligerará la carga, porque te ayudarán a llevarla»

(Éxodo 18:21-22).

En otras palabras: «atiende tú lo más difícil, pero delega a otro para que te quede tiempo para compartir con tu familia.

Administra tu tiempo de la siguiente manera:

A.   Establece prioridades.

Pregúntate ¿qué puedo hacer yo y qué pueden hacer otros?

B.   Cuidado con la Procrastinación

Procrastinar es dejar las cosas para después, evadir responsabilidades, ignorar prioridades, perder el tiempo en actividades que no son importantes, posponer tiempo. La administración del tiempo no es para hacer más cosas, sino un medio para establecer las prioridades de Dios en tu vida.

C.   Organízate.

Elimina el desorden, comprométete a cumplir. Ten visión clara de cuál es tu meta. Busca dirección de Dios para tu futuro como matrimonio y familia.

D.   Descansa.

Cuando te organizas, descansas y confías. El descansar en Dios y confiar en Él, provoca que te lleve a un nivel superior de hacer cosas grandes para Él. Te aseguro que si confías en Dios y descansas en Él, pronto verás lo que Dios va a hacer con tu casa, con tu familia, con tu ministerio.

Todo lo que Él te ha dado tiene una razón: que Su nombre sea glorificado. Cada vez que confías en Él, crece tu fe. Dios quiere que subas a las alturas, que extiendas tu cabaña y tus estacas y hagas cosas grandes en el nombre de Jesús.

Declaro que se abren los cielos en gracia a tu favor, para que lleguen las ideas creativas que glorifiquen el nombre de Dios, para que tomes posesión de lo más grande: aprender a administrar tu tiempo. Vivirás tranquilo y confiado de que Dios proveerá todo lo que necesitas, conforme a sus riquezas en gloria. Sé obediente, organiza, haz un balance, invierte en las prioridades y descansa. Déjale saber a tu familia que te arrepientes por el tiempo que sin querer le quitaste. Haz el compromiso de hacer un cambio.

4. Invierte en tus hijos.

En una oportunidad estábamos en un parque de diversiones como familia, y mis dos hijos varones dijeron: «¡Papi, compra una capa de superhéroe para cada uno y nos la ponemos!». Así lo hicimos. Unos amigos que nos estaban acompañando, nos tomó una foto, y cuando me la envió había un mensaje que decía: «Daniel, esto se ve como un juego, pero no lo es. Sigan siendo ejemplo en esta sociedad». Ese mensaje me hizo reír y llorar.

Shari

Daniel nos ha honrado como familia. No solo con sus palabras, también con sus acciones. Somos una prioridad en su corazón. Usted se dará cuenta de que soy una mujer que se siente amada y cuidada por su esposo a pesar de su trabajo y sus constantes viajes; y eso sucede porque él ha tomado tiempo para invertir en mi vida y en la vida de nuestros hijos.

He visto cómo ha sido intencional en sacar tiempo para nosotros. He visto la recompensa de Dios sobre él. He visto la fidelidad y la provisión de Dios de manera sobrenatural. Moisés pensaba que era indispensable, que nadie podía hacer su labor, hasta que Jetro le habló.

Como familia hemos entendido que tenemos un ministerio, vivimos apasionados por Dios, por su presencia y por compartir de su amor con otros. Nuestra relación con Dios, nuestra búsqueda de su presencia y su voz es nuestra primera prioridad.

El ministerio es la manera en que servimos como parte del cuerpo de Cristo a otros, pero está después de la familia. Nuestra familia no se adapta al ministerio, el ministerio se adapta a nuestra familia. Dios tiene nuestro primer lugar; y aunque somos obreros del reino, nuestra responsabilidad de padre/madre y esposo/esposa, nadie lo puede cubrir, excepto nosotros. He visto cómo Daniel pone todo su esfuerzo como papá y como esposo para cubrir esas áreas.

Un día Daniel estaba buscando una manera de pasar más tiempo con ellos, así que decidió ser voluntario en la escuela de ellos y enseñaba fútbol a todos los estudiantes un día a la semana. Se levantaba de mañana, iba a la escuela con los niños y le dedicaba todo el día, eso es algo que para nuestros hijos tuvo mucho valor.

Daniel

No solo inviertas en diversión sino en tiempos de enseñanzas. Pasa tiempo con ellos modelando su relación con Jesús. Enséñales la palabra, escríbeselas en las paredes. El legado no solo es un buen nombre, sino el temor al Señor. Amo nuestros tiempos devocionales con nuestros hijos, amo hablar con ellos y ver que hay en sus corazones. Solo puedes conocerlos en intimidad pasando tiempo con ellos.

Ama tus hijos y consiéntelos, pero delégales trabajo en la casa, como por ejemplo: sacar la basura, hacer su cama, etc. En nuestra casa hay una regla que declara que todos tenemos que colaborar y en nuestro matrimonio hemos decidido que quien mejor haga un oficio de la casa, lo adopte. Yo detesto lavar los baños, pero me fascina planchar la ropa. No me gusta cocinar, pero Shari es una excelente cocinera. La sociedad necesita modelos de familia.

Cuando era pequeño y nuestros padres decidieron mudarse de mi querido país, Venezuela, por alguna razón unos pocos les dijeron a mis padres que sus hijos se iban a apartar de la iglesia, que no nos sacara del país. En especial se referían a mí, pues de todos en casa era muy creativo y travieso. Pero mis padres dijeron: «Esas son mentiras del maligno. Dios tiene un propósito sobre cada uno de ellos».

Las decisiones de mis padres no solo estaban enfocadas a corto plazo, sino a largo plazo. Ellos obedecían lo que Dios les había puesto en su corazón y buscaban invertir y delegar en nosotros, sus hijos, toda su pasión por Dios.

PREPARANDO A TU DESCENDENCIA

Cuando yo tenía tan solo seis meses de nacido, tuve meningitis bacteriana y a causa de esa enfermedad estuve tan grave, que me causó la muerte. No estoy exagerando en lo más mínimo, permanecí ocho horas sin signos de vida. Pero en medio de ese dolor, mi mamá y mi papá hicieron esta oración: «Dios mío, si tú lo sanas, lo dedicaremos a Tu servicio».

Unas horas después de esta oración, el poder de Dios tocó mi cuerpo y me regresó a la vida. Esto fue una razón más para que mis padres se sintieran agradecidos y comprometidos con Dios.

Ellos han invertido todo su tiempo y esfuerzo en nosotros. Durante muchas madrugadas, cuando mis hermanos y yo éramos niños, mi papá y mi mamá entraban a nuestros cuartos, mientras dormíamos, oraban por nosotros y declaraban y profetizaban sobre nuestra vidas. Nos ungían con aceite. El aceite es símbolo del Espíritu Santo y se usa para apartar a alguien para algo.

Ellos nos ungían también nuestras manos y decían: «Hijos, ustedes viajarán en las naciones compartiendo el amor de Jesús. El Señor los usará para Su gloria». Muchas de las promesas que hoy vemos cumplidas nacieron del corazón de Dios y de unos padres que marcaron nuestras vidas. Cada palabra que salía de la boca de ellos era para bendecirnos, para afirmarnos.

El legado no solo es un buen nombre, sino el temor al Señor

Hoy soy el hombre que soy porque mis padres invirtieron en mí. ¡Me siento tan orgulloso de mis padres y de la labor tan hermosa que hicieron conmigo! Me modelaron a Jesús todos los días con su carácter y testimonio.

¿Que estás invirtiendo en el corazón de tus hijos? ¿Qué palabra estás hablando sobre ellos?

Una amiga llevó a su hijo de once años al psicólogo por un problema de comportamiento, y el doctor le dijo: «Tu hijo va a ser un futuro drogadicto, lo vas a perder». Ella se levantó y le dijo: «Yo me niego a aceptar esa palabra. ¿Quién le ha dado a usted autoridad para hablar así del futuro de mi hijo?».

Dios va a sacar lo mejor de ellos y cumplirá su propósito. Hay promesas de Dios para tus hijos. Sé la voz de Dios sobre sus vidas. Afirma su exstencia con palabras que marquen su futuro, ¡bendícelos diariamente! No importa de dónde has venido ni los errores que cometieron tus padres, tú no tienes que pagar las consecuencias repitiendo lo mismo.

La familia es la esperanza de este mundo, de esta sociedad. Debes tener la convicción que «Tú y tu casa servirán al Señor» (Jos. 24:15). Hoy Dios prepara tu corazón y se derrama en ti y en tu familia con su perfecto amor. A través de la cruz, el llevó todas nuestras transgresiones y nos da la oportunidad de gozar una vida nueva.

¡Dios quiere hacer grandes cosas con tu vida y con tus generaciones venideras!

Bendigo a tus hijos con inteligencia, porque han venido a este mundo con un propósito, y si aún no sirven a Cristo, oramos para que el amor de Dios los arrope y los traiga de vuelta a Él con cuerdas y lazos de amor.

Bendigo a tus hijos en el nombre de Jesús. Ellos son la respuesta de Dios para este tiempo. Bendigo a tu cónyuge. Bendigo a tus nietos. Reprendo en el nombre de Jesús una posible esterilidad en el vientre de tus hijas. Declaro que nunca les faltará nada.

Declaro en el nombre de Jesús que será gente que temen, respetan y aman a Dios por encima de todas las cosas. Declaro que serán llenos de sabiduría, de buen testimonio, de buena credibilidad y del poder de Dios. Sea disipada toda mentira del enemigo en contra de tus hijos y familia. Que la paz de Dios siempre los arrope. En el nombre de Jesús, ¡amén!

Debes tener la convicción que «Tú y tu casa servirán al Señor»

Consejos para reflexionar

- *El tiempo es un regalo de Dios y es de sabios aprovecharlo.*

- *Invertimos en lo que tiene valor y en lo que es eterno.*

- *El tiempo es un área vulnerable en el matrimonio que hay que cuidar.*

- *Necesitas aprender a manejar tu tiempo.*

- *Haz un balance.*

- *Bloquea tu agenda para lo importante.*

- *Administra tu tiempo.*

- *Establece prioridades*

- *Cuidado con la procrastinación.*

- *Cuida el tiempo de tu familia.*

- *Si quieres crear balance y que las cosas ocurran, tienes que agendarlo y ser intencional.*

- *Debes saber que tienes seis días para trabajar, pero tienes que sacar un día para descansar.*

- *Invierte tiempo en tu familia.*

- *Nuestra familia no se adapta al ministerio, nuestro ministerio se adapta a nuestra familia.*

- *Es tiempo de tomar decisiones sobre el manejo del tiempo.*

- *Ama a tus hijos y consiéntelos, pero delégales trabajo en la casa.*

- *No dejes de proclamar bendiciones sobre tus hijos.*

- *¿Qué está robando tu tiempo?*

- *Si tienes hijos, escribe una palabra de bendición sobre ellos.*

Notas

ME RINDO,
¡RÍNDETE TU TAMBIÉN!

Daniel

Seguramente conoces la historia de Job, quien había sido literalmente tocado por el mismo enemigo (Job 32). Había perdido todo lo que tenía, y en medio de toda esta situación, dijo: «*Jehová dio, y Jehová quitó; sea el nombre de Jehová bendito*» (Job 1:21 RVR1960).

Luego de esta declaración Job comenzó a fijar su mirada, ya no hacia Aquel que lo sostenía sino "en lo bien que había hecho él las cosas" y "en cómo se había conducido". Entonces Job comienza hablar de una manera peculiar... por ejemplo en el versículo 33:9 dice: «*Yo soy limpio y sin defecto; soy inocente, y no hay maldad en mí*».

Job sabía que estaba limpio y libre de culpa. En el momento más crítico de su vida, en vez de direccionar su alabanza al que lo sostenía, al Dios Todopoderoso, comenzó a dirigirla a "lo bueno y correcto que él era". Pero lo maravilloso es que Dios siempre envía amigos para ayudarnos, y en este caso le envió un amigo en particular a Job, que le llamaba Eliú, de quien dice la Palabra que «se encendió en ira, por cuanto se justificaba a sí mismo más que a Dios» (Job 32:2b).

Imagino que Eliú, al ver a su amigo en esa actitud, le debe haber dicho algo así: «Job, estoy cansado de escucharte que en medio de la situación que estás pasando, en vez de exaltar y anclarte al Nombre de Dios, estás diciendo lo bueno que tú eres y lo correcto que has sido».

Cuando nos acercamos a Dios y necesitamos de su ayuda, debemos ir ante Èl con transparencia y con el corazón abierto, sin fronteras ni barreras. Con humildad de corazón. Tenemos que saber que todos los días hay algo nuevo que aprender. ¡Dios siempre tiene algo nuevo para enseñarnos!

Eliú confrontó a Job, cansado por la arrogancia que tenía aun cuando tal vez no se diera cuenta. Hasta que, finalmente, Dios le habló a Job y le dijo: «Prepárate a hacerme frente. Yo te cuestionaré, y tú me responderás. ¿Vas acaso a invalidar mi justicia? ¿Me harás quedar mal para que tú quedes bien?» (Job 40:7-8).

Y continúa diciendo: «¿Dónde estabas cuando puse las bases de la tierra? ¡Dímelo, si de veras sabes tanto! (…) ¿Quién encerró el mar tras sus compuertas cuando este brotó del vientre de la tierra? ¿O cuando lo arropé con las nubes y lo envolví en densas tinieblas? ¿O cuando establecí sus límites y en sus compuertas coloqué cerrojos?» (Job 38:4, 8-10).

Recién, entonces, Job asumió la postura que debió haber tomado desde el principio. Se humilló y dijo: «De oídas había oído hablar de ti, pero ahora te veo con mis propios ojos» (Job 42:5).

Cuando escuchas estas palabras: paz, amor, perdón, sabes que son palabras que se oyen lindas, pero la pregunta es: «¿De verdad te has sentido perdonado, amado, protegido, refugiado, en paz?». Quizás de oídas habías escuchado esas palabras, pero al experimentarlas y sentir Su presencia, Su perdón, Su amor, conocerás el verdadero significado.

Job tuvo que arrepentirse, arrodillarse y decir: «Por tanto, me retracto de lo que he dicho, y me arrepiento en polvo y ceniza». En resumen, Job tuvo que decir: «Me rindo».

Cuando te rindes a los pies de Cristo, hay transformación. La definición de la palabra «rendirse» es «someter algo al dominio de alguien». Rendirse tiene que ver con el término «vencerse y darse».

DEFINICIÓN PARA TU VIDA

Cuando tomas la decisión de rendirte debes reconocer a quién o a qué te rindes, porque al hacerte esta pregunta, le darás definición a tu vida. Es como por ejemplo; si le preguntases a tu amigo: «¿A dónde vamos?». Y él te responde: «No sé». Crearás una situación de ansiedad porque él no sabe adónde quiere ir, él no está definido y no sabe hacia dónde vamos.

Pero si la respuesta de tu amigo es: «Vamos a tomarnos un cafecito, de esos que nos gustan tanto, con un buen desayuno en la panadería de la esquina». Entonces te sientes más cómodo de ir con él porque sabe hacia dónde quiere ir. Tu amigo está definido en la dirección de sus decisiones.

Debes saber a quiénes o a qué estas rendido, porque eso va dar una definición a tu vida. Yo, Daniel Calveti, estoy rendido a mi Señor Jesucristo y a mi esposa Shari Calveti. No importa en qué lugar del universo esté parado, en el sitio del mundo que me encuentre, la gente sabe que «este negrito» ama a Dios por sobre todas las cosas y que está casado con Shari Calveti, la mujer que ama y siempre amará.

La gente, aún sin conocer a Shari, le envía regalos de tanto que hablo de ella durante mis visitas. Y quizá algunos me preguntan: «Daniel, viajas tanto, ¿es que no te pasan frente a ti mujeres donde quiera que estés?» Mi respuesta es: «No pasa solo una sino muchas, pero yo no doblo mi mirada porque sé a quién estoy rendido». Cuando sabes a quién estás rendido, cuando sabes que estás ocupado, lleno y pleno, no cabe nadie más en tu vida.

Decide ante quién estás rendido, porque eso traerá libertad a tu vida, como nunca antes. Cuando sabes que Jesús está dentro de tu corazón, no cabe nadie más. No cabe ninguna mentira del enemigo, porque allí habita nuestro Señor Jesucristo. En el camino de la vida el enemigo de tu alma te presentará opciones, rendirse ante la frustración o al desanimo. Porque el enemigo sabe que si te rindes, entonces llegarás a decir la famosa frase: «Esto no va a cambiar».

Debes saber a quiénes o a quién estás rendido, porque eso va a dar definición a tu vida

Quizás tu matrimonio se encuentre en una etapa en la que crees que no va a continuar funcionando; pero no te rindas ante la falta de esperanza. Quizá has tratado de levantarte una y otra vez, pero todo ha fallado. Declaro ahora, en el nombre de Jesús, que comienza un nuevo tiempo para tu matrimonio. Cuando te rindes a Dios, hay respuesta, hay camino de salida.

Jesús dijo: «*Vengan a mí todos ustedes que están cansados y agobiados, y yo les daré descanso*» (Mateo 11:28). En otras palabras, Jesús te está diciendo: «Ven, ríndete a mí, y yo te voy a mostrar la solución, te voy a quitar la ansiedad que sientes».

LA PALABRA ALUMBRARÁ TU CAMINO

Lo mejor que hicieron mi papá y mi mamá, fue recibir a Cristo como su Señor y Salvador. Hoy en día ellos son pastores, y cuando me cuentan de su vida pasada, casi ni lo puedo creer, porque todo lo que veo es lo que son hoy día.

Un día mi mamá me dijo: «Mi hijo, antes de conocer a Jesús las cosas eran distintas. Yo abría la boca y tenía la capacidad de ofender a tu papá. Era peleona, maldecía por todo, discutía por todo. Tu padre era mujeriego, alcohólico y vivíamos un infierno en la casa. Un día tu papá me dijo: "Me voy y nunca más volveré". Y se fue.

En ese proceso, la familia Romero me presentó a Jesús como Señor y Salvador diciéndole: «Angélica, venimos a presentarte una opción para tu vida y tu familia: Ríndete a Jesús». Y ese día yo me rendí a Cristo y entregué mi corazón».

Cuando mi mamá oraba por Juan Luis, mi padre, decía: «Padre, te pido por mi esposo, yo no quiero tener otro padre para mis hijos, él es mi esposo. Señor, perdona nuestros pecados, nos rendimos a ti. Señor, tráelo. Mi mamá oró con autoridad lo que dice en Oseas 2:6-7: *Por eso le cerraré el paso con espinos; la encerraré para que no encuentre el camino. Con ardor perseguirá a sus amantes, y al no encontrarlos dirá: "Prefiero volver con mi primer esposo, porque antes me iba mejor que ahora".*

Cuando una persona está rendida, Dios le revela la Palabra, la opción era enviarle cerco de espinos que lo incomodaran donde quiera que estaba para que tuviera que volver.

Un día mi papá regresó a casa y le dijo a mi mamá: «¿Qué te están enseñando en esa iglesita a donde estás yendo? Porque cada vez que quiero pecar, no puedo. Regresé a casa, pero no voy ir a esa iglesia ni nada de eso».

Hoy ambos son un ejemplo de pastores, ¡y de la reconciliación de ellos, nací yo! Mi mamá siempre me dice: «Daniel, nosotros somos el fin de una generación marcada. Y tú eres el principio de una generación restaurada». En la actualidad, quienes ven a mis padres dicen: «¡Qué fanáticos que son de Cristo!» Pero yo respondo: «Ellos no son fanáticos, es que al rendirse a Dios, la generación completa cambió».

Cuando decidas rendirte a Dios sabrás que él siempre tendrá una repuesta a través de su Palabra que te alumbrará el camino, porque *«la palabra de Dios es lámpara que guía nuestro camino»*. Dios no es mudo, él nos habla a través de su Palabra.

La Palabra de Dios te enseña que aunque estés enojado, no debes gritar ni insultar: *«La blanda respuesta quita la ira; mas la palabra áspera hace subir el furor»* (Proverbios 15:1). Antes peleabas, mas ahora, tu blanda respuesta calmará la ira del que viene enojado. Esa Palabra de Dios le mordió la lengua a mi mamá.

La Palabra nos moldea. Dios siempre tendrá un camino, ya no dependerás de lo que tú dices sino de lo que dice la poderosa Palabra de Dios. Ella te aclarará el panorama y dará luz a tu vida, porque si es por ti y por mí, el matrimonio no cambiaría, pero cuando nos anclamos a la Palabra de Dios, nuevos caminos se abrirán delante de ti.

En una ocasión fui a un hospital a orar por una señora, se llamaba Antonia. Ella estaba en terapia intensiva, y cuando entré a la sala y la vi, dije: «Dios mío, esta señora se va a morir». Dije eso porque era lo que la imagen que veía revelaba a mi carne. Pero automáticamente el Señor me habló y me dijo: «Daniel, ¿a qué viniste, a dar tu opinión o a declarar mi palabra?». No es momento de dar nuestra opinión de cómo vemos nuestro matrimonio, sino de declarar la Palabra de Dios que da aliento de vida a lo que está muerto.

Jesús resucita lo que está muerto. Dios te dice: «Tu matrimonio tiene una opción, tiene solución». En 2 de Timoteo 3:16 dice que *«Toda la Escritura es inspirada por Dios»*. Esa palabra inspirada, en el griego original significa: «Aliento de vida». Que cuando tú hables, produzcas vida.

Recuerdo que en aquel hospital cerré mis ojos y dije: «Antonia, la Palabra de Dios dice que pondremos las manos sobre los enfermos, y estos sanarán. ¡En el nombre de Jesús, levántate!». cuando los médicos dijeron que no tenía alternativa. Ese día aprendí que no fui a dar mi opinión, sino a dar Palabra de Dios. A los días, Dios levantó a Antonia, y hoy ella y toda su familia le sirven al Señor. ¡Gloria al Poder de la Palabra De Dios!

ÉL TIENE UNA MEJOR MANERA DE HACER LAS COSAS

El Salmo 62:1-2 dice: «*Sólo en Dios halla descanso mi alma; de él viene mi salvación. Sólo él es mi roca y mi salvación; él es mi protector*». Rendirte ante el Señor no significa que dejes de ser diligente y esforzado, sino que ahora sabes que tú no estás solo, Dios te acompaña en el proceso.

No porque te rindas te vas a cruzar de brazos diciendo: «Él va a hacer todo». No, debes seguir siendo diligente y esforzado. Vivir rendido a Dios significa que cada vez que ores, sabes que Él tiene el poder para intervenir en la situación.

Ahora te pregunto, ¿en qué condición se encuentra tu matrimonio en este momento? ¿En qué situación están tus hijos? Job dijo: «*Ahora mismo tengo en los cielos un testigo; en lo alto se encuentra mi abogado. Mi intercesor es mi amigo, y ante él me deshago en lágrimas para que interceda ante Dios en favor mío, como quien apela por su amigo*» (Job 16:19-21).

Somos el fin de una generación marcada. Y Tú el principio de una generación restaurada

No estás solo, tu pañuelo de lágrimas se llama Jesús de Nazaret. Él está intercediendo por ti y por tu matrimonio. Rendirte a Dios quebrantará tu orgullo y te dispondrá a hacer Su voluntad. Rendirte a Dios te hará saber que Él tiene una mejor manera de hacer las cosas.

Aunque no sabes cómo tu matrimonio va a salir de la situación en la que está, Dios sí lo sabe. Aunque no sabes cómo se van a arreglar las cosas, Dios sí lo sabe. Aunque tú no sabes cómo se van arreglar las cosas con tus hijos, Dios sí lo sabe. Dios simplemente está esperando que le digas: «Yo me rindo a ti».

Sofonías 2:7 dice: «(…) el Señor su Dios vendrá en su ayuda para restaurarlos». El rendirnos produce que Dios saque la cara por nosotros e intervenga a nuestro favor.

"Si el Señor no edificare la casa, en vano trabajan los que la edifican".

Salmo 127:1a RVA

Oramos para que tu matrimonio sea lleno del Espíritu Santo y para que la Palabra de Dios te mantenga conectado con su presencia. ¡Que siempre puedan caminar en el poder del acuerdo!

Si deseas un cambio en tu matrimonio, te animamos a que no te rindas. Que el poder de su amor siempre los abrace.

Oración

¡Señor, me rindo! Lléname de tu Espíritu Santo. Te necesito. Al rendirme a ti sé que tú reprenderás al maligno de mi vida y de mi matrimonio. Me ayudarás a salir de toda frustración y desánimo. Trae tu libertad plena a mi vida. Recibo tu Palabra que cambia mi vida y nos guía a ser más como Tú.

Esposo, repite esta oración:

¡Señor Jesús, rindo mi hombría a ti, quebranto mi orgullo! Quito mi opinión y la anclo a tu Palabra. Que no se haga como yo quiero, hágase tu voluntad. ¡Lléname con tu presencia! No te veo Señor, pero sé que tú me respondes. Me rindo como esposo, como padre, como ser humano. Haz de mí tu propósito y tu voluntad. Reconozco que tienes una mejor manera de hacer las cosas, por eso me rindo a ti. Dispongo mi corazón para obedecer tu Palabra. En el nombre de Jesús, amén.

Esposa, repite esta oración:

¡Señor, vengo delante de ti porque necesito rendirme, rendir mi vida, mi corazón, mi voluntad! Rindo mi familia, mi matrimonio. Toma el control de mi corazón y sana las heridas en mi alma. Que en este tiempo pueda experimentar el amor de tu presencia a plenitud. Hoy declaro: «Yo y mi casa serviremos a Jehová». Oro para que quites toda venda de mis ojos que me impide ver tu verdad. Oro para que nos ayudes a experimentar el matrimonio a la máxima expresión que lo creaste. En el nombre de Jesús, amén.

Consejos para reflexionar

- *Cuando nos rendimos ante Dios debemos presentarnos ante Él con total transparencia y con el corazón abierto, sin fronteras ni barreras.*

- *Dios siempre tiene algo nuevo para enseñarnos.*

- *Cuando tomas la decisión de rendirte, eso significa saber a quién o a qué te rindes.*

- *Cuando sabes que Jesús está dentro de tu corazón, no cabe nadie más.*

- *Cuando decidas rendirte a Dios, sabrás que él siempre tendrá una repuesta a través de su Palabra que te alumbrará el camino.*

- *Vivir rendido a Dios significa que cada vez que ores, sabes que Él tiene el poder para intervenir en la situación y tiene una mejor manera de hacer las cosas.*

- *Vivir rendido a Dios crea una atmósfera para que Dios produzca cambios para bien en el matrimonio.*

- *Recuerda... ¡Diseña, construye y disfruta!*

Palabras finales

En todo este libro hemos recibido herramientas que la Palabra de Dios nos ha brindado para construir un matrimonio saludable. Saludable quiere decir que funciona tal cual Dios lo diseñó. Su Palabra es tan poderosa que le da sentido a nuestra construcción.

Dios conoce perfectamente el diseño del matrimonio porque Él lo creó. Él creó planos de sabiduría para los que recién empiezan a construir un matrimonio; creó planos de creatividad para aquellos que se la pasan hermoseando su matrimonio, pero sobre todo creó planos de esperanza y restauración para que cobren ánimo los dolidos y quebrantados, y vuelvan a reconstruir.

No están solos, Dios está con ustedes y con Su poder los ayudará a construir sobre las bases Divinas que Él ya edificó en el matrimonio. Tu matrimonio será usado por Dios para darle oxígeno a muchos otros, no porque sea perfecto, pero sí porque es uno rendido a Jesús.

¡Ánimo! ¡Sigan disfrutando este paseo toda la vida!

Con mucho amor,

Daniel & Shari Calveti

Si la lectura de este libro ha traído una nueva perspectiva o algunas ideas frescas a tu matrimonio, ¡estamos muy agradecidos a Dios por eso!

Sin embargo, ¡también nos gustaría saberlo!

Escríbenos y cuéntanos tu testimonio a

danielcalvetiagenda@gmail.com

¡Síguenos en nuestras redes sociales!

 Daniel : danielcalvetipr
Shari : scalveti

 Daniel Calveti Oficial

 danielcalvetipr

 Daniel Calveti Oficial

¡Qué lindo estar enamorao'!